ROCK IN RIO
A ARTE
DE SONHAR
E FAZER
ACONTECER

Diretora
Rosely Boschini

Gerente Editorial
Carolina Rocha

Editora Assistente
Franciane Batagin Ribeiro

Controle de Produção
Fábio Esteves

Preparação
Marta Almeida de Sá

Revisão
Andréa Bruno

Capa
Jorge Falsfein
Betoca Jencarelli

Imagem de Capa
Shutterstock/Ficus777

Adaptação de Capa
Vanessa Lima

Miolo
Jorge Falsfein
Betoca Jencarelli
Vanessa Lima

Fotos do miolo
©I Hate Flash e
Acervo Rock in Rio (capítulo1)

Impressão
Gráfica BMF

Copyright © 2019 by
Allan Costa e Arthur Igreja
Todos os direitos desta edição são
reservados à Editora Gente.
Rua Wisard, 305, sala 53 – Vila Madalena
São Paulo, SP – CEP 05434-080
Telefone: (11) 3670-2500
Site: http://www.editoragente.com.br
E-mail: gente@editoragente.com.br

MARCA UTILIZADA SOB A LICENÇA DA ROCK WORLD S.A.

Dados Internacionais de Catálogo na Publicação (CIP)
Angélica Ilacqua CRB-8/7057

Costa, Allan
  Rock in Rio: a arte de sonhar e fazer acontecer / Allan Costa e Arthur Igreja. – São Paulo : Editora Gente, 2019.
  192 p.

ISBN 978-85-452-0333-9

1. Negócios 2. Empreendedorismo 3. Rock in Rio 4. Festivais de música - Planejamento I. Título II. Igreja, Arthur

19-1624   CDD 650.1

Índice para catálogo sistemático:
1. Festivais de música – Negócios – Sucesso

ALLAN COSTA
ARTHUR IGREJA

ROCK IN RIO
A ARTE DE SONHAR E FAZER ACONTECER

ENTENDA O MODELO DE CULTURA QUE
TRANSFORMOU UM SONHO AMBICIOSO
EM UMA MARCA MAGNÉTICA
E EM UM NEGÓCIO BEM-SUCEDIDO

Precisamos testar os limites da nossa imaginação.

Atuar com coragem para propor mudanças e com humildade para reconhecer nossos limites.

O Rock in Rio nasceu de um sonho de criar um movimento para mostrar a cara da nossa juventude no momento de transição da ditadura para a democracia.

Mas soube transformar aquele ideal em um projeto empresarial com princípio, meio e fim.

A nossa trajetória construiu um *storytelling* em que aquela marca tinha nome e sobrenome, tinha alma.

Chegou assumindo os riscos de dar um passo ao futuro, caminhar rumo ao desconhecido.

Com nossas derrotas e vitórias, construímos o maior evento de música e experiência do mundo.

ROBERTO MEDINA

**ESTE LIVRO É
DEDICADO A TODOS
AQUELES QUE
OUSAM SONHAR
E FAZER ACONTECER.**

AGRADECIMENTOS

Esta obra foi inspirada na trajetória de Roberto Medina e na sua mais emblemática criação, o Rock in Rio. E não teria sido possível sem o apoio, a disponibilidade e o entusiasmo de:

Agatha Arêas

Duarte Leite

Duda Magalhães

Fernanda Estrella

Juliana Ribeiro

Lionel Chulam

Luis Justo

Nuno Sousa Pinto

Pedro Baptista

Renata Guaraná

Ricardo Acto

Roberta Coelho

Roberta Medina

Rodolfo Medina

Rubem Medina

Zé Ricardo

SUMÁRIO

INTRODUÇÃO	A arte Rock in Rio de sonhar e fazer acontecer	10
CAPÍTULO 1	Como tudo começou	12
CAPÍTULO 2	Modelo de negócio	34
CAPÍTULO 3	Experiência	60
CAPÍTULO 4	Inovação	76
CAPÍTULO 5	"Rock in Rio – Eu fiz!" – Os aprendizados de liderança do Rock in Rio	100
CAPÍTULO 6	Propósito e legado	112
CAPÍTULO 7	A arte de sonhar e fazer acontecer	130
CAPÍTULO 8	A cultura Rock in Rio como diferencial competitivo	150
CAPÍTULO 9	Transformando por meio da cultura da marca	174
CAPÍTULO 10	Sonho, atitude e um legado para gerações futuras	184

INTRODUÇÃO
A ARTE ROCK IN RIO DE SONHAR E FAZER ACONTECER

Rock in Rio Basta bater os olhos na marca ou ouvir esse nome para vir à memória uma série de marcos que o festival imprimiu na vida de cada um, tenha você estado ou não em uma das sete Cidades do Rock já construídas no mundo.

Muito mais do que uma série de shows, o Rock in Rio é hoje uma das maiores plataformas de experiências do mundo.

Ao longo de mais de três décadas, com operação em quatro países e conhecida mundialmente, esta empresa brasileira é *benchmark* de comunicação, produção, operação e comercialização.

Uma marca amada pelo público e respeitada pelo mercado, idealizada por um líder ao mesmo tempo ousado e carismático, capaz de captar os melhores profissionais para transformar sonho em realização, comunicação em diálogo, ideia em negócio.

Este não é um livro sobre os bastidores do festival, os artistas e suas performances. É um livro sobre a cultura empresarial de um grupo capaz de criar o presente a partir do futuro.

Desde sua fundação, em 1985, o Rock in Rio exerce sua capacidade única de fazer sonhar e promover conceitos, movimentos e negócios à frente de seu tempo.

Um projeto criado com inspiração no sonho de resgatar a imagem do Rio de Janeiro e colocar o Brasil no mapa da indústria do entretenimento.

Uma empresa movida pelo propósito de construir um mundo melhor.

E o que o Rock in Rio tem a ensinar para seu negócio?

Aqui, você vai encontrar histórias extraordinárias com lições práticas que se aplicam a qualquer negócio, como foco na experiência do usuário, estratégia e modelos de negócio, inovação, cultura, liderança e comunicação. Entretanto, acima de tudo, você vai entender o poder de assumir e persistir na atitude de fazer acontecer o seu sonho.

ALLAN COSTA & ARTHUR IGREJA

1

COMO TUDO COMEÇOU

1

COMO TUDO COMEÇOU

O SONHO QUE REUNIU MAIS DE 1 MILHÃO DE BRASILEIROS

Em meados dos anos 1980, o publicitário e empresário Roberto Medina viu-se diante de uma dúvida inquietante: sair do Brasil ou criar algo que contribuísse para a elevação da imagem do Rio de Janeiro e para a credibilidade do país no resto do mundo?

Felizmente, a noite em que a inquietação fez-lhe perder o sono foi a mesma em que teve um sonho (quase) impossível, mas que em sua mente, em sua alma e em seu coração estava desenhado, cristalino e clamando para acontecer na realidade.

O projeto era tão ambicioso quanto custoso e cheio de provações. No entanto, Roberto sempre foi daqueles caras que sonham e fazem acontecer. Por isso, ignorando as negativas e os percalços, ele seguiria em frente, implacável, na criação de soluções técnicas, legais e financeiras para fazer com que aquela noite em claro se transformasse apenas no preâmbulo de uma história de resiliência, paixão, muito talento, dedicação e bastante trabalho. Uma jornada de mais de três décadas de desafios e conquistas dentro e fora do Brasil.

Na mesma época em que Medina empenhava-se em reunir meios para tirar seu megaprojeto do papel, a cervejaria Brahma procurava uma forma inovadora de lançar uma nova cerveja cujo público-alvo eram os jovens, a Malt 90. A empresa detectou que seu público estava envelhecendo e que seria essencial, se quisesse sobreviver e manter as portas abertas, dar uma guinada que fosse muito além de um novo produto.

Naquela época, a agência carioca Artplan, liderada justamente por Roberto Medina, já era uma das maiores agências de publicidade do Brasil, tendo sido a escolhida pela cervejaria para criar a estratégia de lançamento da nova marca. Medina sabia que a melhor forma de ganhar espaço no mercado e fazer a Malt 90 decolar seria relacionar a bebida a uma experiência memorável, e isso poderia criar um movimento cultural por meio da comunicação e reunir milhares de jovens que provariam a cerveja ao mesmo tempo que também testemunhariam a criação de um momento único, inédito na história do entretenimento mundial. E isso tudo no Brasil.

O sonho de Roberto – o tal evento que reuniria mais de 1 milhão de pessoas – poderia ser a grande plataforma para a execução da estratégia de marketing e comunicação de que a Brahma precisava para lançar a Malt 90 e reposicionar-se junto ao público jovem.

Contudo, antes de prosseguir com o relato, é importante pontuar os três elementos que devem coexistir em um projeto dessa magnitude, formando um tripé que possibilite viabilizá-lo:

1. **É importante que o evento seja realizado em um país grande e tenha um público suficientemente numeroso.**

2. **É preciso que a economia tenha um PIB considerável para alavancar as vendas quando necessário.**

3. **Estabilidade política é uma característica imprescindível, já que o evento envolverá uma série de questões que requerem aprovação, autorização, checagem etc.**

O problema é que o desafio surgia em um momento singular na história brasileira. Era 1985, ano que ficaria marcado pela transição de um regime militar ditatorial para uma democracia. O Brasil vinha de um período considerado como "a década perdida". Portanto, estava longe de ser o destino de eventos grandiosos, com atrações culturais interessantes e turnês dos artistas mais populares que tocavam nas rádios da época.

Além da fragilidade econômica, que inviabilizava financeiramente a vinda de grandes espetáculos, havia o desconhecimento do mundo a respeito do país. Ninguém sabia direito o que era o Brasil, e esse desconhecimento, em grande parte, tinha relação com a economia brasileira, que era extremamente fechada naquela época.

Além disso, o período era de baixa produção cultural no Rio de Janeiro, cena bem diferente da vivida no apogeu do final dos anos 1950 e início dos anos 1960, com a bossa nova e a MPB. O único movimento que se mantinha vivo era o rock nacional, que crescia forte nos palcos *underground*, com mais e mais fãs apaixonados pelas músicas das bandas nacionais que entoavam os hinos da juventude da época, jovens sedentos por mudar os rumos do país, mas sem saber como fazê-lo.

Nesse cenário, o desafio de Medina tornou-se não apenas inédito como também monumental. Contudo, apesar das circunstâncias do Brasil de 1985, a vontade de fazer superou as adversidades, e um projeto gigantesco começou a sair do papel.

POR QUE FAZER O ROCK IN RIO?

"Eu fui dormir e acordei com o Rock in Rio pronto."
Roberto Medina

Não foram poucos os obstáculos que Roberto encontrou em seu caminho. Ainda assim, ele manteve o foco no vislumbre de milhares de jovens vivenciando um festival como nenhum outro visto antes no país. Seria 1 milhão de pessoas reunidas, praticamente a fundação de uma nova cidade.

A Cidade do Rock.

Nessa metrópole, esses jovens veriam os maiores artistas de sua época e, através das luzes dos palcos estrondosos, os brasileiros e todo o mundo redescobririam o Brasil. Com esse movimento, a capital fluminense seria recompensada com algo muito mais valioso do que os investimentos e a movimentação econômica decorrentes de um evento dessa grandeza: a crença de que é possível investir e empreender no Rio de Janeiro.

Roberto Medina já era um empresário de sucesso na época. Em 1981, produziu o lendário show de Frank Sinatra no Maracanã, que reuniu a maior plateia para a qual o artista se apresentou em toda a sua carreira. Atualmente ele é mais conhecido como o criador do Rock in Rio (RiR); no entanto, é um homem de negócios importante que está no mercado desde 1967, ano em que fundou a Artplan. Passados 52 anos, essa empresa é a maior agência independente do Brasil, tendo dado origem ao Grupo Artplan, do qual faz parte também uma produtora de *live* marketing e eventos, uma consultoria de marketing e uma empresa de *research*, entre outros serviços realizados por um time de mais de 600 colaboradores diretos com bases no Rio de Janeiro, em São Paulo e em Brasília.

Então, por que gastar tanto fôlego e uma energia incalculável fazendo algo tão arriscado, complexo e inédito como o Rock in Rio?

A explicação está nos traços que definem Roberto. Ele é um empresário movido pelo propósito de impactar positivamente a comunidade e é incapaz de acreditar que algo não possa ser realizado. É um entusiasta e um sonhador, mas daqueles que fazem acontecer. Tanto que tudo que é criado no Rock in Rio nasce de uma visão apaixonada, que, somada à personalidade cativante de Medina, rapidamente atrai quem toma conhecimento de seus planos. Ele reúne em volta de si homens e mulheres seduzidos por seu discurso de entusiasmo sincero, e é possível perceber como todos os que topam trabalhar com ele, para concretizar sua visão, o fazem de coração aberto.

A raiz da obsessão de Roberto por comunicação e empreendedorismo é fácil de compreender. Ele cresceu acompanhando a trajetória de sucesso de seu pai, Abraham Medina, um dos maiores empresários que o Rio de Janeiro abrigou entre 1950 e 1970. Abraham era um homem que acreditava no potencial do Rio de Janeiro de se transformar em um dos maiores polos de turismo do mundo. Trabalhava idealizando uma das formas de catalisar a visitação de estrangeiros. E a resposta, para ele, estava nos grandes eventos.

Como fundador da rede de lojas especializadas em eletrodomésticos Rei da Voz, Abraham Medina foi pioneiro no uso dos famosos reclames, como eram até então chamadas as propagandas nas rádios em que se associava a identidade dos programas que iam ao ar aos produtos divulgados. Com essa estratégia, ele elevou a loja Rei da Voz para a posição de liderança no Rio de Janeiro. Também foi o criador do programa televisivo *Noite de Gala*, precursor de outros programas de variedades e entretenimento, como o *Fantástico*, da Rede Globo, que está até hoje no ar. O *Noite de Gala* abriu espaço para que artistas como Tom Jobim e Chico Anysio emergissem.

O pai tinha ainda uma grande preocupação com as condições da cidade e costumava dizer: "Meu negócio vai bem se a cidade vai bem". O irmão de Roberto, Rubem Medina, contou em nossas entrevistas para este livro que, ao buscar entender as finanças dos negócios do pai, Roberto deparou-se com uma conta aparentemente inexplicável: a compra de inúmeros caminhões-pipa que nada tinham a ver com a empresa.

Ao questionar o pai a respeito dessas aquisições, Roberto obteve uma explicação simples mas também surpreendente. Os caminhões regariam as plantas de uma praça que era parte da vida de uma comunidade negligenciada pela prefeitura.

A paixão do pai pareceu ter se tornado a de Roberto, e a concretização disso foi vista em 1985. O filho faria acontecer o festival para 1 milhão e 380 mil pessoas. Mas como viabilizá-lo se o cenário de instabilidade dificultava, entre vários pontos, o de conseguir patrocínio suficiente para realizar algo dessa grandeza?

A inovação começou pelo modelo de negócio, que combinaria a venda de ingressos com o patrocínio obtido por grandes marcas. Medina fez as contas e descobriu logo uma das principais razões pelas quais o Brasil não entrava na rota dos grandes shows. O ticket médio potencial no país para as entradas era extremamente baixo em comparação com o de outros lugares do mundo. Para piorar, mesmo que a produção do festival conseguisse atrair grandes públicos, a conta ainda assim não fecharia, considerando que os artistas contratados seriam remunerados em dólar.

Além disso, havia um descrédito por parte dos promotores culturais em relação à ideia de misturar entretenimento e patrocínio. O receio dos promotores era de que o excesso de propaganda desvirtuasse o conceito dos eventos e de que, no final, não conseguissem obter ganhos que justificassem a associação às marcas por meio da prática de patrocínios.

Talvez esses promotores tenham protagonizado um dos maiores cases de miopia na história do mundo dos negócios. O Rock in Rio não apenas foi pioneiro como se mantém até hoje na frente, com ampla vantagem, dos outros festivais com igual capacidade de captar patrocínio. Mesmo grandes festivais internacionais continuam a contar somente com uma fração do total de patrocínio que o Rock in Rio angariaria, como Luis Justo, CEO do RiR nos contou em uma de nossas conversas.

O segredo? Inovar com base na mentalidade de uma **plataforma** de comunicação com experiências únicas, sobre a qual foi sendo construída a sólida credibilidade do RiR e de suas 20 edições (até o corrente ano de 2019). Contribui muito para isso tudo, também, o fato de o evento acontecer entre intervalos de dois longos anos, o que só alimenta a saudade do público e, consequentemente, a percepção de valor por parte dos patrocinadores. E sabemos que a escassez pode ser uma estratégia bem interessante e eficaz.

Como você pode causar impacto positivo em seu bairro ou em sua cidade? Negócios com forte propósito enraizado em sua causa atraem mais talentos, geram mais resultados a longo prazo e deixam impactos positivos. Por isso, mesmo antes de pensar em missão, visão e valores, concentre-se em encontrar o seu propósito transformador. O maior desafio de um negócio pode estar no jeito de pensar dos que estão envolvidos com ele, uma visão que deve ser inédita e criativa. Desde os estudos preliminares para colocar de pé a primeira edição do RiR, em 1985, Roberto Medina logo verificou que o modelo que sustentava a realização de grandes festivais no resto do mundo – o de focar a receita exclusivamente em ingressos – seria inviável economicamente para sustentar a dimensão de seu projeto no Brasil. A criatividade e o ímpeto de descobrir uma alternativa foram o motor para que o maior festival de música do mundo fosse criado a partir de um mercado com tantas condições desfavoráveis como o brasileiro.

ROBERTO É UM EMPRESÁRIO MOVIDO PELO PROPÓSITO DE IMPACTAR POSITIVAMENTE A COMUNIDADE E É INCAPAZ DE ACREDITAR QUE ALGO NÃO POSSA SER REALIZADO. É UM ENTUSIASTA E UM SONHADOR, MAS DAQUELES QUE FAZEM ACONTECER.

DE 1991 A 2019 – CONSTRUINDO O PARQUE TEMÁTICO DA MÚSICA

A edição de 1985 teve desafios logísticos e estruturais inimagináveis. A obra da Cidade do Rock não avançou quase nada durante meses em virtude de problemas com a prefeitura do Rio de Janeiro. O governo municipal demorou muito para conceder todas as autorizações da obra, por isso não houve tempo para concluir a compactação da terra utilizada. Bastou chover para que a lendária lama que marcou a primeira edição tomasse todo o local do festival.

Os obstáculos não pararam aí. O empresário Roberto Medina tinha sido advertido diversas vezes de que seria impossível servir cerveja para mais de 1 milhão de pessoas. O fluxo intenso não daria tempo para que os bares pudessem repor o estoque na velocidade necessária.

Só que "impossível" era um termo que já naquela época não fazia parte do vocabulário de Medina.

Para resolver o problema, o próprio Roberto criou a solução, inovando mais uma vez. Foram construídos dutos, que passavam por debaixo do festival e seriam responsáveis por bombear todo o chope consumido durante os shows. A bebida chegou até o festival por meio de caminhões-pipa adaptados, adquiridos especialmente para essa operação. E a opção de vender latas de cerveja foi descartada. Essa foi uma solução criada em 1985 para suprir uma necessidade do RiR, mas que foi aprimorada e vem sendo utilizada desde então em grandes eventos no Brasil e no mundo.

Tudo aconteceu às pressas, com muito improviso. Ainda assim, o festival foi um sucesso. Entre 11 e 20 de janeiro de 1985, o Rio de Janeiro recebeu na primeira versão da Cidade do Rock – um terreno de 250 mil metros quadrados próximo ao Riocentro, na Barra da Tijuca, com o maior palco do mundo já construído até então, de 5 mil metros quadrados de área - quase 1,5 milhão de pessoas.

Mais do que ter sido o berço da criação do maior festival de música do mundo, o Brasil testemunhou o nascimento de uma marca que já no seu primeiro contato com o público conquistou uma dimensão cultural que se fortaleceria mais e mais ao longo das décadas seguintes.

E quanto à Malt 90? O produto foi extinto por motivos alheios ao festival. No entanto, o Rock in Rio proporcionou a maior notoriedade e a maior ação de degustação que a marca registrou em sua curta história.

O Rock in Rio só voltaria a acontecer seis anos mais tarde. Depois da primeira edição, os planos para uma nova realização do festival ficaram suspensos por tempo indeterminado. Em razão de impasses políticos, a Cidade do Rock construída em 1985 foi demolida por ordem do então governador do estado do Rio de Janeiro, Leonel Brizola, logo após o término do evento.

Passados alguns anos e motivado pela insistência da Coca-Cola em trazer o festival de volta como estratégia para combater o Pepsi Music – projeto internacional de sua principal concorrente –, Roberto Medina aceitou realizar o Rock in Rio II no Maracanã.

Foram mais de 700 mil pessoas em nove noites. Mais um sucesso de público e imprensa.

Porém, o fato de acontecer em um estádio, em que boa parte das pessoas permaneceria sentada, deixou claro que no Maracanã o Rock in Rio se limitaria a ser um grande show, e não uma experiência única, com uma identidade definida. Não havia espaço além das arquibancadas, do gramado e do palco. Assim, a única atração possível era o show. O line-up era estelar com artistas como Guns N'Roses, Billy Idol, Prince, Carlos Santana, Joe Cocker e George Michael, mas a frustração de não poder oferecer nada além disso, somada a um contexto econômico completamente desfavorável à produção de um projeto dessa envergadura, fez com que o festival adormecesse por mais dez anos.

Voltou apenas em 2001, mas em uma nova Cidade do Rock, construída exatamente onde aconteceu a edição de 1985. Roberto Medina contou-nos que a decisão de voltar a fazer o Rock in Rio teve grandes motivações: o desejo do empresário de utilizar a poderosa plataforma de comunicação e o forte poder de atração da marca de chamar atenção para uma causa maior, além do fato de a tecnológica estadunidense AOL (America Online) estar entrando no Brasil com grande fôlego financeiro para investir em um projeto que gerasse notoriedade e acima de tudo fosse capaz de promover envolvimento da marca com o público brasileiro.

Para a AOL, o Rock in Rio III foi uma ferramenta fundamental para conquistar sua notoriedade nacional e multiplicar significativamente a sua base de assinantes no país.

Na história do festival, a edição de 2001 representou um passo decisivo na construção de um novo formato para a Cidade do Rock e de um modelo de gestão que absorvesse oficialmente a responsabilidade social como um dos pilares da marca.

O Rock in Rio provocou uma emocionante paralisação de três minutos em mais de 3 mil rádios e 500 canais de televisão com a reflexão "Por um mundo melhor". Foram três minutos de silêncio na Cidade do Rock e nos meios de comunicação de todo o país, inclusive durante o noticiário tradicional *A Voz do Brasil*. Nessa edição, o festival assumiu seu compromisso social e passou a assinar "Rock in Rio Por Um Mundo Melhor".

A Cidade do Rock ganhou mais diversidade musical e cultural, com mais palcos, além do principal. No RiR 2001 entraram novos estilos musicais, como a música eletrônica e a world music, e também espaços em que se poderiam assistir a palestras e debates de grandes ativistas sociais do Brasil e do mundo. Mais lojas, mais ativações de marca, mais horas de música.

Com um retorno assim, algo muito marcante aconteceu. Os jovens de 1985 agora eram pais que desejavam voltar a viver aquela experiência. No entanto, dessa vez, com os filhos. A presença de diversas famílias foi uma surpresa para os organizadores. E essa constatação foi o primeiro gatilho para que começassem a vislumbrar uma Cidade do Rock ainda mais preparada para receber um público tão abrangente como o que engloba do avô ao neto.

A tendência viria a se confirmar três anos mais tarde. Porém, agora, na primeira edição do festival fora do Brasil. O processo de internacionalização da marca começou pelo mercado português, quando, em 2004, foi realizado o primeiro Rock in Rio Lisboa.

A Cidade do Rock de Lisboa, construída no bosque urbano Parque da Bela Vista, no centro da capital portuguesa, recebeu o primeiro projeto pensado para abrigar um evento para toda a família, com direito até ao Espaço Kids, onde os pais poderiam deixar seus filhos em segurança para, durante algumas horas, curtir os shows. A organização providenciou até serviço de empréstimo de carrinhos de bebê.

Após duas edições em Portugal, Roberto Medina e sua equipe concluíram que já estava na hora de conquistar mais um mercado na Europa. Então, a partir de 2008, o Rock in Rio passou a ser realizado também na Espanha.

Como casa do Rock in Rio Madrid, a organização construiu uma Cidade do Rock com grande requinte arquitetônico, em Arganda Del Rey, a 25 quilômetros da capital espanhola: 200 mil metros quadrados, nos quais havia uma fonte de água de 240 metros de comprimento, um espaço de moda, uma pista de neve e várias outras atividades para além dos palcos musicais.

As quatro edições em Lisboa e as duas em Madri, entre 2004 e 2010, foram fundamentais para o fortalecimento do conceito de Parque Temático da Música, como vários membros da equipe com quem falamos referem-se à Cidade do Rock.

Após uma temporada de dez anos fora do país, a marca voltou ao Brasil em 2011. O mercado brasileiro passava por um momento otimista, e, pela primeira vez, o Rock in Rio contava com forte apoio governamental, tendo sido convidado pelo então prefeito do Rio de Janeiro, Eduardo Paes, a trazer de volta o evento para a cidade por, no mínimo, três edições (2011, 2013 e 2015).

A edição de 2011 foi mais um momento emblemático na história da marca. O relacionamento com o público brasileiro permanecia inabalável, e a euforia tomou conta da população. Para as 700 mil pessoas – muitas delas, famílias inteiras – que estiveram na Cidade do Rock naquele ano, a experiência foi de estar em um parque de diversões, com rua cenográfica, roda-gigante, montanha-russa, tirolesa, dezenas de lojas, bares e restaurantes, assim como uma enorme diversidade de atividades de entretenimento promovidas pelas marcas patrocinadoras.

Roberto Medina e a organização estavam orgulhosos do resultado da edição que marcou a volta do festival à sua cidade natal. Entretanto, Medina, sempre obcecado pelo conforto e pela segurança do público, concluiu que o recinto havia ficado cheio demais em 2011. E, para 2013, desconsiderando o impacto financeiro, ele decidiu reduzir a lotação da Cidade do Rock em 15 mil ingressos por dia de evento. E, mesmo diante de uma redução de um total de 105 mil ingressos na receita do projeto, o Rock in Rio 2013 aconteceu dessa vez para 595 mil pessoas em sete dias de evento com ingressos esgotados, tal como em 2011. É divertido ouvir Roberto Medina contar que em 2011 não chegaram a ele reclamações sobre a possível hiperlotação da Cidade do Rock, mas que, quando ele anunciou a redução no número de ingressos para a edição de 2013, foi por algumas vezes parado nas ruas por fãs desejosos em externar seu desacordo com a decisão.

Em 2012, o festival voltava a acontecer em Portugal e na Espanha. Nesse ano, aconteceria a terceira e última edição do Rock in Rio Madrid (ao menos, por um longo período). O mercado espanhol demonstrou pouca resistência à crise econômica que assolou a Europa e o mundo. Enquanto Portugal, ainda que profundamente abalado, não se deixou vencer, o empresariado espanhol, especialmente na indústria do entretenimento e na área de patrocínios das grandes marcas, paralisou-se, tornando impossível a realização do Rock in Rio Madrid em um futuro próximo.

Em 2014, o Rock in Rio Lisboa completou 10 anos de existência – uma grande festa que marcou a trajetória do festival e de seus fãs portugueses. Essa onda de celebração estender-se-ia até 2015, ano em que a marca comemorou 30 anos desde sua criação, ao mesmo tempo que viu concretizar-se sua primeira edição estadunidense.

Em maio de 2015, o Rock in Rio abriu as portas da sua Cidade do Rock em Las Vegas. Acontecia a primeira edição do Rock in Rio U.S.A., em parceria com a MGM e o Cirque du Soleil. O desafio de entrar no maior mercado de entretenimento do mundo era enorme. Rodolfo Medina, filho do fundador do festival e vice-presidente de marketing e parcerias do Rock in Rio, partilhou conosco que o grupo, habituado a executar planos de comunicação em âmbito nacional, logo percebeu que isso seria inviável financeiramente nos Estados Unidos, considerando-se a dimensão do país e a segmentação da mídia por regiões e grupos de comunicação. Além disso, ele nos contou que os norte-americanos mantêm a tradição de produzir eventos esportivos, mas não têm quase nenhuma tradição em festivais de música. Isso proporcionou um grande trabalho à organização, que precisou demonstrar ao mercado estadunidense que valeria a pena investir em ativações da marca na Cidade do Rock de Las Vegas. Contudo, o empenho valeu a pena, já que público, imprensa e parceiros se impressionaram com o nível de qualidade em produção, logística, segurança e cenografia. Uma próxima edição do Rock in Rio U.S.A. não está descartada, ainda que não haja previsão de quando o festival voltará ao mercado estadunidense.

Nesse mesmo ano, a marca completou três décadas de história, e o resgate de uma memória afetiva coletiva pareceu tomar conta dos fãs brasileiros. Em setembro de 2015, abria-se a porta da Cidade do Rock carioca, e famílias inteiras viviam juntas a experiência do festival.

A volta do projeto ao Brasil e a entrada no mercado norte-americano fizeram a organização do festival direcionar o foco para essas operações, o que acabou por afetar os resultados da edição de 2016 do Rock in Rio Lisboa. Isso, porém, foi um alerta que resultou na reestruturação da equipe em Portugal, especialmente no início de um processo de avaliação interna que contou com a análise dos valores da marca, assim como uma avaliação de estudos de mercado e tendências não só no setor de entretenimentos português mas também no brasileiro, jamais deixando de se manter de olho no resto do mundo.

As duas edições seguintes do festival foram verdadeiros divisores de água.

Em 2017, no Brasil, a Cidade do Rock mudou de endereço para o recém-construído – e gigantesco – Parque Olímpico. Com o dobro da área do Parque dos Atletas, que recebera as três últimas edições brasileiras, os "sonhadores-fazedores" do Rock in Rio, como gosta de se intitular a equipe de Roberto Medina, tiveram espaço para implementar novos conteúdos, como o *gaming* e a cultura digital. O sucesso foi estrondoso, o Rock in Rio e sua nova Cidade do Rock foram chamados pela imprensa de Disney World da Música, e a marca afirmou-se definitivamente como uma "plataforma de experiências de arrepiar".

Os aprendizados do Rock in Rio Lisboa de 2016 somados aos novos conteúdos testados com enorme sucesso no Brasil em 2017 fariam da edição portuguesa de 2018 um marco nesse mercado, representando o início de uma nova fase para a marca, que, além de ter fortalecido ainda mais o seu lugar no coração do fã português, atraiu o dobro de visitantes do resto da Europa, em comparação com a edição anterior.

A história do festival continua e, enquanto escrevemos este livro, a edição de 2019 está sendo preparada. E se, em 1985, foram 90 horas de música em dez dias, para 2019 estão previstas mais de 640 horas em sete dias, com palcos de atrações plurais, com inúmeros estilos musicais. Como se a identidade do festival estivesse mais clara que nunca: o "rock" do Rock in Rio é uma mentalidade e também uma atitude, não uma definição de estilo musical predominante.

Toda essa trajetória mostra que a plataforma de conteúdo é mais importante do que o conteúdo em si. Isso parece contraditório, já que o anúncio das atrações principais sempre ganha imenso destaque na mídia, mas uma novidade começou a tornar mais clara a evidência de que a experiência é o que as pessoas estão indo procurar na Cidade do Rock: o lançamento do Rock in Rio Card.

Se opta pelo cartão, o frequentador tem garantido seu ingresso com quase um ano de antecedência para o evento, quando o line-up do

GRANDES NÚMEROS DE 1985 ATÉ 2018

- 19 EDIÇÕES AO LONGO DE 34 ANOS EM 112 DIAS DE PURA MÁGICA;

- 2038 ARTISTAS ESCALADOS;

- 9,5 MILHÕES DE PESSOAS NA PLATÉIA;

- 73 MILHÕES DE ÁRVORES DOADAS À AMAZÔNIA;

- 212,5 MIL EMPREGOS GERADOS;

- 12 MILHÕES DE FÃS ON-LINE;

- 143 MILHÕES DE PESSOAS IMPACTADAS NAS REDES SOCIAIS APENAS NA EDIÇÃO DE 2017.

festival ainda não está completo. Após o anúncio, o comprador pode escolher em que dia do festival ele quer ir e converter o cartão em ingresso. A procura pelo card é muito maior do que a oferta, por isso esse produto está sempre esgotado. Para a edição de setembro de 2019, a organização disponibilizou 198 mil unidades do Rock in Rio Card em novembro de 2018, que esgotaram em menos de duas horas de venda. Prova de que as pessoas têm certeza de que o Rock in Rio vai entregar uma experiência única e de que confiam em sua curadoria e nas inovações de cada edição. Inclusive, Roberta Medina, filha do fundador, vice-presidente executiva do festival e grande representante da marca em Portugal, contou em uma de nossas conversas que mais de 50% do público compra o ingresso independentemente de quais atrações serão anunciadas. Porque o Rock in Rio é imperdível. Ele é o verdadeiro show.

Quando falamos de plataforma, esse termo logo remete às plataformas digitais que conectam oferta e demanda, e, no fundo, todo negócio é sobre isso. O que o RiR conseguiu amadurecer ao longo de seus 34 anos foi sempre a adaptação ao público. No começo, os shows eram mais importantes; hoje, existem até conteúdos autorais, como a Rock Street – espaço temático criado pelo RiR. Desse modo, a plataforma e a marca foram fortalecidas muito mais do que os produtos e serviços (shows) que eram conectados aos consumidores (fãs e patrocinadores). E, em seu negócio, como você pode fortalecer sua plataforma e sua marca para que fiquem mais relevantes do que seus produtos e serviços? Perceba que esse é um traço dos grandes negócios. A Amazon é mais importante do que os produtos que ali são vendidos, assim como um grande time é mais importante do que os jogadores que o formam e assim por diante.

LIÇÕES DO ROCK:
COLOQUE EM PRÁTICA

- O aprendizado para todo empreendedor é conseguir compreender quais são as variáveis externas (cenário) essenciais para que seu empreendimento saia do papel em um ambiente minimamente viável. Muitas vezes, a ideia pode ser boa, mas é fundamental se certificar de que é a hora certa para colocá-la em prática ou verificar se é necessário realizar ajustes no modelo de negócio.
- Coloque o propósito no centro – essa clareza lhe trará oportunidades.
- Não importa qual produto/serviço você oferece, o sucesso depende da experiência que você gera para seu consumidor.
- Seu negócio prospera quando o ecossistema no qual ele está inserido prospera junto.
- Esteja aberto para se adaptar e mudar sempre – seu negócio segue os passos que seu público exige.
- Mapeie o comportamento de seu consumidor com a sua marca – as respostas que receber deverão ser o norte de sua estratégia.

MODELO DE NEGÓCIO

2

MODELO DE NEGÓCIO

ROCK IN RIO – EXPERIÊNCIAS INESQUECÍVEIS E A CULTURA DA EXCELÊNCIA EM CADA DETALHE

"O show que acontece no palco é apenas um dos conteúdos." Essa visão é do CEO do Rock in Rio, Luis Justo, e representa o pioneirismo do festival. Como falamos anteriormente, o posicionamento como plataforma aconteceu muitos anos atrás e foi anterior às maiores plataformas de inovação do momento, como a Netflix e o Spotify. Pensando em uma comunicação eficiente e visando entregar a melhor experiência para o consumidor, o RiR apresenta a construção de uma jornada completa para seu visitante, começando pelo momento em que as atrações são divulgadas, passando pela compra e pelo recebimento dos ingressos até o dia do festival, que geralmente é muito esperado por todos os participantes e os envolvidos no projeto e na execução dele. Cada um desses pontos de interação é minuciosamente pensado, revisado e otimizado a cada nova edição. E se você acha que todos descansam depois do festival, fique sabendo que os bastidores do Rock in Rio são incansáveis: o *brainstorming* para a próxima edição começa logo após o último show, aproximadamente 48 horas depois, para que todos possam retomar os pontos de destaque daquela edição e, também, definir os pontos que precisam de melhoria. Quando pensamos no legado que o festival perpetua e na frente de inovação que ele desenvolve, a frase-destaque para cada nova edição é: "O próximo Rock in Rio será o melhor de todos".

Tudo é minimamente pensado visando à qualidade da experiência do visitante. Desde o logo na entrada do festival, passando pela decoração utilizada nos postes de iluminação até a disposição de cada elemento na Cidade do Rock foram pensados com esse propósito. Quando você estiver vivendo essa experiência, saiba que cada canto foi pensado para transmitir uma mensagem, proporcionar uma experiência memorável e estabelecer um diálogo com o visitante. A mesma lógica funciona quando abrimos a interface da Netflix, por exemplo. Ali, existe um catálogo gigantesco no qual você pode escolher com qual conteúdo gostaria de entrar em contato. Na Cidade do Rock, o princípio é o mesmo. Você encontra restaurantes, lojas, espaços com influenciadores digitais, arenas de games, estandes para fotos e, claro, os palcos que receberão as atrações do ano.

Além disso, a energia da plateia é um ponto fundamental a ser lembrado. Essa energia faz com que as bandas sintam algo especial, único e diferenciado quando se apresentam nos palcos do festival. Fora dele, às vezes, pode ser apenas um show. Dentro dele, é um momento único. A música é o tema e o elo que liga todos os que participam do evento. Com isso, queremos mostrar que a excelência está nos detalhes e passa por todos os momentos, do começo até o fim da festa.

Para ilustrarmos como essa máxima é verdadeira, falaremos de um episódio que ocorreu em uma das edições em Portugal, descrevendo a incansável busca pela excelência como geradora de resultados duradouros na história do evento.

Portugal passava por uma concentração da renda nacional no sistema bancário, e o banco com o maior *market share* era um dos principais patrocinadores do evento daquele ano, cuja data coincidia com o lançamento de sua nova marca. Um marco! A programação e a preparação de tudo estavam indo conforme o planejado, até que, em uma visita às instalações, dois dias antes do início do festival, Roberto comentou que gostaria que todas as flores fixadas nos postes fossem trocadas. Todos ficaram perplexos. Contudo, como nada acontece por acaso no Rock in Rio, a equipe sabia que existia um motivo interno para que aquele pedido estivesse sendo feito àquela altura do campeonato. Não era apenas uma atitude impulsiva ou uma extravagância pessoal do idealizador.

Nesse momento, vamos fazer um parêntese para apresentar a vocês Lionel Chulam, sócio de Roberto no Rock in Rio e vice-presidente financeiro da marca, além de sócio da Artplan. Ele é mestre em finanças e uma das pessoas a quem Roberto mais escuta, sendo responsável por equilibrar os sonhos do idealizador com a viabilidade dos negócios. Um papel e tanto!

A equipe, preocupada com o prazo e com a dificuldade de fazer tamanha alteração, explicou quão caro seria trazer as flores. E, para auxiliá-la, Lionel entrou em cena, explicando que, para conseguir as flores com a cor exata que Roberto queria, seria preciso fretar um transporte aéreo da Alemanha, correndo o risco de não conseguir receber tudo a tempo de trocar na véspera do Rock in Rio daquele ano. Roberto seguiu irredutível. E todas as flores foram trocadas no dia que antecedeu o começo do festival.

Horas antes do início, Roberto recebeu os executivos do banco português e fez um *tour* pela Cidade do Rock com eles em um carro de golfe. Para completar o passeio, todos se encontraram no camarote, local de onde é possível visualizar o complexo inteiro, de onde se pode ter uma visão geral ampliada e magnífica da estrutura montada. Nesse momento, o presidente do banco comentou: "Um parceiro que tem o cuidado de

QUANDO PENSAMOS NO LEGADO QUE O FESTIVAL PERPETUA E NA FRENTE DE INOVAÇÃO QUE ELE DESENVOLVE, A FRASE-DESTAQUE PARA CADA NOVA EDIÇÃO É: "O PRÓXIMO ROCK IN RIO SERÁ O MELHOR DE TODOS".

colocar flores da cor do nosso logo em cada pequeno detalhe é o tipo de parceiro de negócios que eu quero do nosso lado sempre".

Ao trocar a cor das flores para a cor da nova logomarca do banco, Roberto criou uma relação de empatia e de cuidado com o patrocinador.

Esse é um dos incontáveis exemplos que demonstram paixão, perfeccionismo e preocupação em todos os momentos da jornada do festival, tanto com patrocinadores quanto com consumidores. Olhando pela perspectiva de um ponto de vista raso, pode parecer preciosismo toda essa mudança; contudo, foi exatamente com essa mentalidade que as coisas foram feitas desde sempre e com a qual o sucesso foi certeiro. O cuidado dentro dos negócios jamais pode ser desvalorizado. Apenas assim você conseguirá manter a qualidade de seus produtos.

Quem está internamente acompanhando tudo sabe que, para um resultado final extraordinário, é preciso cuidar dos detalhes, e a busca pela excelência em cada momento é o que diferencia o todo. Essa lição vale para qualquer negócio. Esse é o jeito Rock in Rio de sonhar e fazer acontecer!

A ESTRATÉGIA ROCK IN RIO APLICADA

Assim como o RiR, o seu negócio precisa ter uma estratégia clara, que possa facilmente ser transmitida e compartilhada a fim de que o sonho possa ser construído. Para que todos se sintam incentivados a contribuir, é preciso que sonhem juntos, vejam os mesmos objetivos e estejam alinhados para trilhar o mesmo caminho. No caso do Rock in Rio, alguns pensam que o line-up é o único motivo pelo qual as pessoas frequentam o evento. Mas possivelmente esse é o menor detalhe para o qual as pessoas olham.

A seguir, veja os elementos essenciais da estratégia do festival (Propósito, Missão, Visão e Valores). A equipe da organização o chama de RiR Em Uma Página.

QUEM SOMOS

Uma plataforma de experiências.

PROPÓSITO

Construir um mundo melhor.

COMO SOMOS

- Grandiosos.
- Ecléticos.
- Perfeccionistas.

COMO QUEREMOS SER PERCEBIDOS

Por todos que buscam uma experiência de arrepiar.

UNIVERSOS (ONDE ATUAMOS)

- Sensações.
- Conhecimento.
- Inspiração.

MISSÃO

Proporcionar experiências inesquecíveis para todos os nossos públicos.

VISÃO

Ser uma das maiores marcas de experiência do mundo.

VALORES

- Postura positiva.
- Capacidade de sonhar.
- Criatividade.
- Atitude empreendedora.
- Cultura de inovação.
- Excelência na entrega.
- Sustentabilidade.
- Espírito de cooperação.

COMO É FEITO O ROCK IN RIO – MODELO DE NEGÓCIO

Para que qualquer negócio tenha sucesso, é preciso que haja clareza e harmonia e que cada departamento funcione como os instrumentos musicais de uma banda. Todos precisam estar em sintonia, seguindo o mesmo ritmo e produzindo resultados complementares. Só dessa maneira o som pode sair completo e com qualidade.

Tal como em uma banda, o mesmo princípio funciona dentro de uma empresa. Todos são parte fundamental de uma estrutura muito maior, alimentando um só propósito e seguindo por uma só trajetória. Esse princípio faz parte do Bussiness Model Canvas do Rock in Rio, que você encontrará ilustrado logo a seguir, estudo de caso ao vivo no Brasil dentro do Rock in Rio Academy de 2015, evento cujo objetivo era trazer *insights* e fazer uma imersão de marketing de experiência voltada para executivos de todas as áreas. Voltaremos a falar a respeito do Rock in Rio Academy nos próximos capítulos.

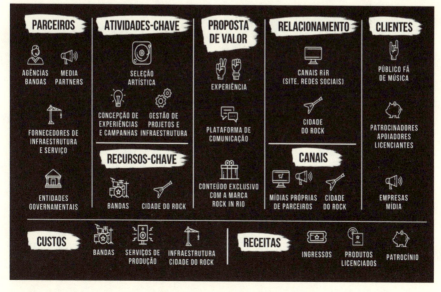

PARCEIROS – QUEM FAZ O NEGÓCIO DAR CERTO

Com uma infraestrutura monumental, o Rock in Rio conta com a ajuda de milhares de pessoas, entidades, órgãos e veículos de comunicação para conseguir colocar toda a sua estrutura em pé. É preciso uma equipe especializada e o trabalho incessante de muita gente para que tudo ocorra dentro do planejado.

Para que você possa ter uma ideia de toda a infraestrutura utilizada nos bastidores do Rock in Rio, classificamos aqui alguns dos principais parceiros:

- **AGENTES DOS ARTISTAS –** O poder de barganha dos artistas é, muitas vezes, maior do que o do festival – que depende da disputada agenda dos convidados que estarão em turnê naquele período do ano –, e, para que tudo ocorra dentro do planejado, ter uma boa parceria com seus agentes é fundamental.
- **MEDIA PARTNERS –** Você se lembra de que o Rock in Rio nasceu como um grande projeto de comunicação? Pois essa veia continua sendo vital para manter o diálogo vivo com o público-alvo antes, durante e depois de cada edição. Os parceiros de mídia são os canais que levam essa mensagem, e, assim como cada aspecto do festival é pensado como um conteúdo impactante, esse conteúdo precisa ser criado com um olhar jornalístico, com um foco na mensagem que vai transmitir e verificando-se de que maneira essa mensagem poderá despertar a atenção do receptor e como ela será compartilhada.
- **FORNECEDORES DE INFRAESTRUTURA E SERVIÇOS –** O desafio operacional é gigantesco para que se obtenha uma estrutura impecável para 700 mil pessoas montada para uma ação temporária.

- **ENTIDADES GOVERNAMENTAIS -** Todo empreendedor passa grande parte do seu tempo lidando com burocracias, então imagine isso em um evento na escala do RiR. Rubem Medina dá a noção do desafio: são 68 órgãos diferentes que precisam conceder licenças e autorizações para cada edição no Rio de Janeiro. Uma vez definida, a data do evento não pode ser alterada. Levando em consideração que mais de 60% do público vem de outras cidades, de acordo com o próprio RiR, e que o impacto positivo local é gigantesco e movimenta a economia, o relacionamento com as entidades governamentais deve ser o mais respeitoso e profissional possível para que todos saiam ganhando: o festival, o público e a cidade.

QUAIS SÃO AS ATIVIDADES-CHAVE QUE A PROPOSTA DE VALOR DEMANDA?

De acordo com o Business Model Canvas, uma empresa deve fazer uma seleção de suas atividades-chave, aquelas que não se devem perder de vista em momento algum. No caso do RiR, estas são as atividades-chave antes, durante e depois de cada edição do festival:

- **SELEÇÃO ARTÍSTICA -** Curadoria, pluralidade e captação dos interesses musicais do público são um dos maiores desafios da organização do evento, garantindo que todos se surpreendam com a escolha artística e se sintam engajados a visitar o festival. Muito mais do que ter no palco uma vasta lista dos maiores artistas da história, o festival é conhecido também por sua constante capacidade de inovar, inclusive nas propostas artísticas, como nos encontros promovidos no Palco Sunset, que tem como curador o músico e diretor artístico Zé Ricardo e traz encontros inusitados e importantíssimos para a materialização de abordagens inovadoras como premissa da marca Rock in Rio. Esse trabalho de curadoria é tão rebuscado que causa ao mesmo tempo surpresa e fascínio no público, como quando Zé Ramalho e Sepultura fizeram uma parceria inédita, dividindo o palco na edição de 2013. Ao fim de apresentações como essa, a vibração da plateia mostra que inovar, mesmo que se corra algum risco, sempre vale a pena. Outro exemplo desse trabalho único é o desenvolvimento da Rock Street, espaço que traz atrações inspiradas na cultura de um determinado país, continente ou cidade por exemplo, como o que ocorreu em Nova Orleans, em 2011. Essa ideia surgiu a partir da paixão de Roberto Medina pela cidade e virou tema central dessa edição. Em 2013, o tema foi Reino Unido; em 2015, foi o nosso próprio país, o Brasil; em 2017, a África; para o festival de 2019, o tema será a Ásia. Essa estratégia faz parte das propostas originais do RiR, em que o artista deixa de ser a atração principal e passa a contribuir em um conceito de palco em que há mais do que apenas um show. O modelo faz com que a experiência fique mais rica para o público e mantém o foco na diferenciação do conteúdo – que muitas vezes é único ou inédito –, e não apenas no nome do artista escalado.

■ **CONCEPÇÃO DE EXPERIÊNCIAS E CAMPANHAS –** Conectar com coerência cada conteúdo de campanha com experiências marcantes para o público é sempre uma grande preocupação para as equipes de produção do RiR. Vejamos como: existe uma marca

UMA EMPRESA DEVE FAZER UMA SELEÇÃO DE SUAS ATIVIDADES-CHAVE, AQUELAS QUE NÃO SE DEVEM PERDER DE VISTA EM MOMENTO ALGUM.

patrocinadora, e ela fica exposta na tirolesa que passa por cima do Palco Mundo. Todos os visitantes que passarem por ali lembrarão daquela marca como parte da experiência de deslizar por um cabo a 40 metros de altura por aproximadamente 30 segundos enquanto uma atração se apresenta. Essa experiência ficará fixada na memória do usuário para sempre, e essa marca estará lá também, e é por esse motivo que tudo deve ser pensado para proporcionar experiências incríveis que façam sentido dentro do contexto em que estão inseridas. Essa mesma lógica funciona para todas as atrações do parque.

- **GESTÃO DE PROJETOS E INFRAESTRUTURA –** Muitos acreditam que a equipe fixa que cuida do festival é gigantesca. Ou, então, que na maior parte do tempo a preparação é dedicada à contratação de artistas. Contudo, na fase de planejamento, a equipe tem pouco mais de 30 pessoas, e, durante o festival, são mais de 20 mil colaboradores. Pense no desafio de manter em ordem a gestão de fornecedores e o acompanhamento de atividades, cronogramas, orçamentos e pessoas. Esse é um lado em que poucos param para pensar. O Rock in Rio é uma empresa com pegada criativa e experimental fantástica, mas a experiência só acontece se as coisas forem feitas, não apenas planejadas ou sonhadas. Comprometimento, segurança, gestão e excelência operacional são fatores essenciais. A gestão de projetos e infraestrutura é como o som bem equalizado em um show: se tudo correr bem, poucos se lembrarão de que os responsáveis pela mesa de som foram tão importantes quanto o artista no palco.

QUAIS SÃO OS VALORES ENTREGUES AOS FÃS?

O festival entrega palcos épicos e apresentações históricas, e, em meio a tudo isso, há valores que tornam a experiência especial. E são eles o ponto-chave que diferencia o Rock in Rio dos demais eventos de música.

- **EXPERIÊNCIA ÚNICA E INESQUECÍVEL –** Muito mais do que a missão do negócio ou parte da sua proposta de valor, proporcionar experiências únicas e inesquecíveis faz parte da "alma" Rock in Rio e é o que direciona cada ação dentro do festival. Um dos aspectos mais fascinantes é a busca incansável por fazer com que as pessoas estejam sorrindo, cantando, chorando, emocionando-se de maneira tão genuína que possam ficar em contato com sua melhor versão. As mais de três décadas de sucesso não foram o alvo, foram um destino natural alcançado como consequência de proporcionar essas experiências inesquecíveis. Um dos segredos do Rock in Rio é esse olhar para fora, para tudo o que está externo. A satisfação se dá por intermédio do reconhecimento de quem se emociona e se transforma em uma experiência incrível.

- **PLATAFORMA DE COMUNICAÇÃO –** Uma plataforma de comunicação eficiente e poderosa é fundamental para que o público entre em contato com as informações do evento, dos shows, dos espaços autorais, dos produtos licenciados, das publicações nas redes sociais etc. O poder da plataforma está em manter um diálogo relevante e rico com todas as partes envolvidas, especialmente com os fãs, os patrocinadores, a mídia e a sociedade. "Ser" uma plataforma é uma mentalidade, um jeito de conectar as pessoas e os elementos certos para que algo funcione. Você se lembra do desafio de 1985? Como conectar um sonho, uma cerveja, um país e fazer essa conta fechar com todo o investimento que seria necessário? A solução: pensar como uma plataforma.

- **CONTEÚDO EXCLUSIVO COM A MARCA ROCK IN RIO –** Existem coisas que apenas o Rock in Rio é capaz de fazer, seja por seu legado, seja pela sua amplitude de alcance, seja pela ligação emocional firmada com seus fãs. No entanto, os conteúdos exclusivos da marca são um ponto de encontro fundamental na relação com o público. *Rock in Rio – o Musical*, Rock in Rio Academy, Rock in Rio Innovation Week, GameXP, vídeos e filmes publicitários produzidos com qualidade cinematográfica e até mesmo este livro são alguns exemplos de conteúdos exclusivos inspirados pela marca RiR que entram na categoria da proposta de valor entregue aos fãs.

QUAL É O TIPO DE RELACIONAMENTO QUE O ROCK IN RIO ESTABELECE COM SEU PÚBLICO?

Para que você fidelize o público – em um momento de tanta dispersão em que todos somos bombardeados por milhares de campanhas, novos produtos, promoções de preços, fake news – e seja capaz de renovar patrocínios e parcerias, é preciso estabelecer um limiar positivo de relacionamento, garantindo, assim, um negócio bem-sucedido.

- **CANAIS RIR (SITES, REDES SOCIAIS) –** Por ser uma das maiores marcas de experiência do mundo, mais presente a cada ano na internet, o Rock in Rio mantém o diálogo principalmente por meio de suas redes sociais. Seja para acompanhar as novidades da próxima edição, seja para lembrar como foram as edições anteriores, seja para buscar conteúdo sobre música, seja para travar conversas sobre temas de interesse da sociedade, como as causas sociais que a marca apoia, as redes sociais engajam cada vez mais fãs. Além das redes e dos sites, boa parte da comunicação acontece na mídia. É claro que a intensidade e o tamanho do time focado nesses canais crescem muito durante o festival, mas uma das maiores prioridades é manter viva a conversa e a relação marca-fã no intervalo de dois anos entre um festival e outro.

- **CIDADE DO ROCK –** "Grandiosa", "surpreendente" e "inesquecível" são alguns dos adjetivos que denominam os atributos do maior e mais poderoso elemento de relacionamento do Rock in Rio, a Cidade do Rock, que é a materialização da plataforma, altamente sensorial e experimental. Do momento em que as pessoas chegam correndo para tirar uma foto na entrada até o último adeus com o pensamento de "até a próxima" na saída do show de encerramento, é nesse espaço de tempo que a mágica acontece no Rock in Rio.

POR MEIO DE QUAIS CANAIS O ROCK IN RIO ALCANÇA SEU PÚBLICO?

Considerando que a internet hoje em dia oferece uma quantidade de informações que não cabe no tempo disponível que as pessoas têm para acessar essas informações, é preciso escolher bem os canais em que o conteúdo a respeito do festival será divulgado. A preocupação é com uma comunicação eficiente, capaz de atrair os fãs.

- **MÍDIAS PRÓPRIAS E DE PARCEIROS –** Sempre presente na mídia, o Rock in Rio é uma máquina de gerar pautas relevantes para o mercado. Muitas empresas têm dificuldade para ganhar engajamento espontâneo porque cometem dois erros: o primeiro é tentar "empurrar" pautas que ninguém está procurando, e o segundo é gerar conteúdo apenas para a empresa, e não para o público. No Rock in Rio, a comunicação é desenhada para transmitir conteúdos relevantes ao público final, pois sabe-se que, se o conteúdo tiver potencial para gerar uma história incrível, será do interesse dos meios de comunicação contá-la. Depois, toda a exposição é consequência natural.
- **CIDADE DO ROCK –** É a experiência presencial, o grande canal para a materialização da proposta de valor do festival. Ainda que o trabalho na internet seja importante, é só quando pisa na Cidade do Rock que o fã compreende a força e a grandeza do Rock in Rio.

PARA QUAIS CLIENTES O ROCK IN RIO GERA VALOR?

Há uma lista de grupos envolvidos com o festival de alguma forma, e esses grupos são os maiores beneficiados com tudo o que acontece na Cidade do Rock. São eles:

- **FÃS DE MÚSICA DE QUALIDADE –** Todo apaixonado por música tem momentos Rock in Rio em seu coração. A paixão do público é única, e este é capaz de fazer sacrifícios para realizar esse sonho, como atravessar o país inteiro a fim de viver esse momento. Estar no Rock in Rio é ter a chance de ver seus ídolos de perto em um dos maiores parques de diversão. Lembrando apenas que é preciso respeitar a diversidade musical, a seleção de artistas e a curadoria do festival.

- **PATROCINADORES, APOIADORES E LICENCIANTES –** No modelo de negócios em que o Rock in Rio está inserido, a fonte de receita varia entre a venda de ingressos, a captação de patrocínios e o licenciamento da marca. Para que isso funcione, é fundamental entender os desafios de cada patrocinador, apoiador e licenciado, desde as grandes cotas, que ganharão maior destaque, até as cotas médias e pequenas, assim como com o vasto leque de produtos licenciados. A expectativa desses *stakeholders* é imensa, e a organização do festival cuida dos seus interesses com atenção, seriedade, respeito e profissionalismo.

- **MEIOS DE COMUNICAÇÃO –** O relacionamento com a mídia tem diferentes facetas, ou seja, em alguns momentos, o RiR é anunciante (e está comprando mídia), em outros, ele é notícia. Um dos fatores decisivos de atração de patrocinadores é a enorme capacidade de alavancagem de mídia do festival. E estar associado à massa de comunicação gerada pelo RiR é um dos retornos mais bem avaliados pelas marcas que se associam ao projeto.

QUAIS SÃO OS CUSTOS MAIS IMPORTANTES PARA FAZER O RiR ACONTECER?

Não há economia quando o objetivo é manter-se o maior festival de música e entretenimento do mundo. Por isso, é alta a conta que a organização assume para garantir a experiência inesquecível que o festival

TODO
APAIXONADO
POR MÚSICA
TEM MOMENTOS
ROCK IN RIO
EM SEU CORAÇÃO.

proporciona. Para que você possa ter uma pequena noção do investimento total feito, classificamos alguns dos principais custos:

- **BANDAS –** É preciso selecionar o artista certo para o público certo. Como o RiR executa um plano de comunicação que começa no mínimo um ano antes do festival, é preciso marcar a data do evento com ainda mais antecedência. Isso faz com que o artista e sua turnê tenham de se encaixar nas datas do festival, e não o contrário, como normalmente acontece no *showbiz*. E é um baita desafio logístico atrair uma banda para o Brasil (apesar de este ser um mercado gigante, muitas bandas nunca passaram por aqui). Já imaginou, então, um festival com centenas de artistas? E no final é indispensável respeitar a racionalidade do orçamento total. Já percebeu que alguns artistas confirmados para o RiR às vezes acabam fazendo outros shows por aqui até mesmo em outros festivais na mesma época? Em um primeiro momento, pode parecer que isso seja ruim. Mas, de fato, o RiR faz parte dessa negociação. Convencer um artista a vir fazer apenas um show pode deslocar todo o seu planejamento de uma turnê (grandes bandas têm um verdadeiro exército na estrada com eles). Negociar uma série de shows faz a proposta ficar mais interessante para o artista. Em geral, essas apresentações acontecem depois do RiR. Contudo, mesmo nos casos em que essa regra não pode ser cumprida, isso não é um problema: lembre-se de que um show fora do RiR é uma apresentação musical. No RiR, vira uma experiência muito maior.
- **SERVIÇOS DE PRODUÇÃO –** Som impecável, iluminação, estrutura de palco, segurança, limpeza, sinalização, recepcionar o público na

entrada, tirar dúvida na hora de ir embora. São mais de 20 mil pessoas recebendo o público e impactando diretamente em sua experiência.

- **INFRAESTRUTURA DA CIDADE DO ROCK –** A satisfação ficou em alta? Ingressos esgotando em tempo recorde? Sinal de que tudo vai bem, correto? Na verdade, é hora de mais investimentos e de trazer novidades. A barra da exigência e expectativa sobe ao longo do tempo, e a infraestrutura é fundamental.

RECEITAS – QUAIS SÃO AS PRINCIPAIS FONTES DE RECEITA DO ROCK IN RIO?

Com uma lista tão grande de investimentos pesados, talvez não tenha ficado claro até aqui qual é a origem dos lucros do Rock in Rio. É importante entendermos como o festival gera dinheiro, já que nenhum negócio é capaz de sobreviver apenas tendo uma identidade bem desenhada ou uma entrega diferenciada. É preciso lucrar com isso.

- **INGRESSOS –** Uma das características mais marcantes do RiR é sua capacidade de esgotar ingressos em tempo recorde. O valor recebido torna esse o melhor pacote disponível no mercado, considerando a quantidade de shows e de atrações e a experiência na Cidade do Rock. Em comparação com os concorrentes, o RiR entrega muito mais por um ticket que custa menos.

- **PRODUTOS LICENCIADOS –** Em 2017, o projeto bateu a marca de mais de 700 produtos licenciados. E são os seus 34 anos de consistência e propósito a sustentação do Brand Love que cerca o RiR. E por que investir nessa área? Rodolfo Medina, vice-presidente de marketing e parcerias do RiR, definiu da seguinte forma: "Com um produto licenciado, as empresas têm nas mãos uma poderosa ferramenta para se aproximar do público e incrementar as vendas de produtos e serviços". Pedro Baptista,[1] sócio-diretor da Angra Marcas, responsável pela estrutura de licenciamento dos produtos Rock in Rio, acredita que uma boa marca enaltece as qualidades de um bom produto. "Rock in Rio é a maior marca de entretenimento no Brasil. O licenciamento tem o objetivo de gerar receita, expandir a marca geograficamente e garantir a continuidade dessa marca nos hiatos entre os festivais."

- **PATROCÍNIO –** No mundo do entretenimento e da música, não há caso de sucesso comparável ao do RiR no âmbito de manter parcerias duradouras e frutíferas com seus patrocinadores. Por muitos anos, a captação de patrocínios foi a fonte de receita mais relevante para a viabilização do negócio no Brasil. Segundo Rodolfo Medina, em uma de nossas entrevistas, a prospecção de patrocínios do RiR é encarada como um ritual. Nada de enviar propostas-padrão por e-mail. Tudo começa com a compreensão do que o patrocinador busca, e a área de parcerias assume o trabalho de decodificar a narrativa de comunicação da marca e de identificar sinergias com os ativos da plataforma RiR. O trabalho é feito em reuniões presenciais. Um mês após o festival, a equipe apresenta os resultados de exposição, satisfação, mídia espontânea etc. e inicia as negociações para firmar os patrocínios da

---

[1] MAXPRESS. "Rock in Rio Academy by HSM 2017 faz imersão em aprendizados de gestão do festival". Disponível em: https://www.maxpress.com.br/Conteudo/1,917163,Rock_in_Rio_Academy_by_HSM_2017_faz_imersao_em_aprendizados_de_gestao_do_festival,917163,5.htm. Acesso em: 22 ago. 2019.

próxima edição. Um diferencial aqui? Fugir do patrocínio transacional e focar relacionamentos de longo prazo.

Percebeu como o Business Model Canvas do Rock in Rio é objetivo e simples? E como fica fácil entender cada parte do negócio? Faça a mesma reflexão para o seu próprio Canvas. Analise se cada bloco está alinhado de forma bastante clara com o propósito, a visão, a missão e os valores. Todos os stakeholders estão representados? Lembre-se: todo negócio é um organismo. O resultado final é consequência do bom funcionamento e da interação de todas as partes que o compõem.

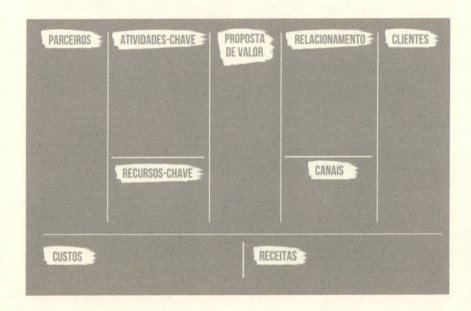

LIÇÕES DO ROCK:
COLOQUE EM PRÁTICA

- Essa mentalidade de pensar em cada ponto de contato com o usuário como um conteúdo, igual a um diálogo, ajuda a entender quais argumentos são coerentes com essa conversa, quais não são e quais precisam ser transformados. Pense nisso para seu site, suas redes sociais, para a embalagem do seu produto, para todo ponto de contato com o consumidor. Quais histórias e quais mensagens eles transmitem? Esse diálogo está alinhado com sua estratégia?

3

3

EXPERIÊNCIA

EXPERIÊNCIAS QUE ARREPIAM

Vivemos a era da experiência, um tempo que não é explicado somente por seus produtos e serviços tecnológicos e inovadores. Hoje, é preciso haver uma jornada transformadora no percurso do seu público-alvo. Algo parecido com o que você passa ao olhar para trás, ao relembrar algum evento e perceber que não é mais a mesma pessoa depois daquela experiência. O que você viveu lhe trouxe uma mudança intrínseca a ponto de tornar quase impossível verbalizar toda a intensidade de tudo o que aconteceu. Aliás, só de você lembrar, seu coração já se acelera.

Isso é experiência na prática. Em essência, é um despertar de emoções e também uma conexão muito mais forte do que a mera transação de venda e compra. Esse laço é o que faz um cliente voltar, compartilhar e virar um fã genuíno. E, se permanecer satisfeito, é provável que ele vire um promotor dos mais leais, ajudando a multiplicar o negócio em torno da experiência que viveu.

Mais uma vez, o RiR foi pioneiro. Arquitetou o festival em torno desse conceito ainda em sua concepção; muito antes de o mundo dos negócios passar a colocar experiência no topo das prioridades da estratégia, tratou-a como missão. E isso não é papo do *show business*.

Mas como o RiR a entrega? Como são suas experiências de arrepiar?

A jornada começa quando alguém está pensando em ir ao festival. Muitos eventos de música anunciam as atrações e colocam os ingressos à venda imediatamente. O Rock in Rio faz diferente. Existe um intervalo entre o anúncio dos *headliners* – como são chamadas as principais atrações de cada noite –, os artistas que abrem os shows, as atrações dos demais palcos e a venda dos tickets.

De acordo com Roberta Medina, isso é fundamental para que o fã tenha tempo de entrar em contato com seus amigos e familiares. Afinal, como em toda grande experiência, queremos compartilhá-la com as pessoas mais queridas.

Para se ter uma ideia, na edição de 2019 o line-up completo foi divulgado no começo de abril, oito dias antes do início da venda dos ingressos. Entretanto, as atrações vinham sendo divulgadas desde outubro do ano anterior. Essa estratégia mantém a conversa viva e vai aumentando a expectativa, além de possibilitar que todo mundo se programe e saiba exatamente para que dia quer comprar seu ingresso quando as vendas abrirem.

Há outros detalhes, e todos são importantes. O próprio ingresso também não é como qualquer outro. É uma pulseira com um *chip*, cujo custo de produção é elevado. Depois de pronta, ela precisa ser enviada pelo correio ou por transportadoras e demanda uma estrutura de validação na entrada. Mais uma vez, tudo em prol da experiência.

Se o ingresso fosse do tipo impresso em casa com QrCode ou Código de Barras, como em vários lugares do mundo, aumentaria a possibilidade de venda ilegal por meio de cópias do código e de múltiplas falsificações, o que criaria o risco de pessoas serem barradas pela validação eletrônica no acesso, gerando uma frustração imensa. "O Brasil é o mercado onde temos a maior afluência de público. Os ingressos esgotam rapidamente, meses antes do evento. Com tanta demanda por um ingresso que já não está à venda, seria arriscado disponibilizar um tipo de ingresso tão simples de falsificação por tanto tempo antes da abertura de portas da Cidade do Rock", garante Juliana Ribeiro, diretora de *ticketing* do RiR.

O aprendizado fundamental aqui é a importância de levar em conta o contexto cultural e comportamental em que o negócio está inserido. Porém, o fato de funcionar assim no Brasil não quer dizer que esta seja a solução ideal para outros países.

Um público muito grande torna a comercialização de ingressos um ato semelhante à montagem de uma estrutura de lançamento de um foguete que será utilizada por apenas duas horas. O trabalho começa por volta de seis meses antes da primeira noite do festival, e durante esse tempo o processo é exaustivamente testado, assim como os provedores de tecnologia. Ainda assim, quando finalmente chega a semana de abertura das vendas, resta muita apreensão, porque a procura por ingressos é gigantesca.

Assim que as vendas têm início, é formada uma fila virtual para que os fãs possam ter a tranquilidade de saber quão próximos estão do sonhado ingresso. Depois de adquirida a entrada, é hora de esperar a pulseira chegar em casa. Mais de 80% dos fãs preferem o envio; os outros 20% a retiram na entrada do festival ou em pontos espalhados pela cidade, segundo o RiR.

O interessante é que as pulseiras são produzidas em uma estrutura similar à da Casa da Moeda do Brasil, no que diz respeito à segurança. Cada pacote é montado, filmado e registrado. Se o fã entrar em contato alegando que recebeu um pacote sem pulseira, é possível verificar instantaneamente o que saiu errado e em qual parte do processo isso aconteceu. Aliás, a pulseira é um item de colecionador. Para cada dia de festival,

ISSO É EXPERIÊNCIA NA PRÁTICA. EM ESSÊNCIA, É UM DESPERTAR DE EMOÇÕES E TAMBÉM UMA CONEXÃO MUITO MAIS FORTE DO QUE A MERA TRANSAÇÃO DE VENDA E COMPRA.

há um *design* único. Quem é fã do RiR espera ansiosamente receber o envelope com sua pulseira para o gramado da Cidade do Rock. E quem compra o RiR Card ou o ingresso para a área VIP anseia por ver chegar a caixa de alto padrão, e o momento de abri-la é especial, como se fosse uma embalagem da Apple. É assim, em plena era dos *smartphones*, que o RiR se tornou um dos maiores cases do mundo de produção de pulseiras com *chip* como ingresso, conforme informado pela organização.

No entanto, os detalhes que impactam a jornada do fã e sua satisfação e segurança são incontáveis e não param por aí. Encerrada a etapa de vendas de ingressos, a próxima preocupação é com o dia do festival.

É um período em que a cidade respira o Rock in Rio, por isso é fundamental que os participantes façam um trajeto tranquilo até o local dos shows. Nesse contexto, a parceria com o poder público é essencial para elevar a demanda de ônibus, metrô, BRT (*bus rapid transit*, ou ônibus de transporte rápido) e também para que haja o melhor fluxo possível para táxis e para quem usa aplicativos de transporte.

Não satisfeito, o Rock in Rio criou seu próprio sistema de transporte. Chamado de Primeira Classe, é o maior terminal rodoviário já montado para um festival de música. Com seus 17 pontos de embarque por toda a cidade, só na edição de 2017, mais de 100 mil pessoas foram transportadas com conforto.

Na Cidade do Rock, os detalhes da experiência estão por toda parte, até no posicionamento de cada peça de cenário e na comunicação na entrada, para evitar quedas. Sim, quedas. Acredite, há reações muito diversas entre os fãs quando estes chegam ao festival. Alguns ficam espantados com sua grandiosidade, especialmente quando participam pela primeira vez, enquanto outros, curiosos para explorar as novidades, caminham sem olhar bem por onde andam. Há ainda os mais afobados, que querem garantir o lugar mais próximo possível e por isso desatam a correr. Muita gente acaba caindo e correndo o risco de se machucar. Ainda que haja um pronto atendimento à disposição, muito eficaz, a experiência do visitante pode ficar comprometida, o que tornaria a memória negativa. Para resolver isso, o Rock in Rio inseriu conteúdos fotografáveis logo na chegada. Eles não só distraem os mais ansiosos, diminuindo a correria, como também formam um caminho sinuoso que impede qualquer um de ganhar velocidade, ainda que deseje.

Percebe o nível de cuidado com os detalhes? Mais lugares para fotos e registros memoráveis como solução para reduzir a ocorrência de quedas.

A diversidade das atrações também ajuda a evitar o corre-corre tanto na entrada quanto na saída. A programação começa no início da tarde e se estende até a madrugada, e, mesmo depois dos *headliners* do Palco Mundo, o som continua em clima de *after party* em outros palcos. Isso faz com que o fluxo seja tranquilo para quem quiser chegar bem cedo e garantir o lugar na grade para ver o show de encerramento ou para quem quiser desfrutar de todo o parque temático, que é impossível de ser visitado em apenas um dia.

Claro que nada passa despercebido pelas mídias. O dia no festival é algo que todos que estão lá querem compartilhar. O alcance das publicações do Rock in Rio é altíssimo. A cobertura de veículos nacionais e internacionais alcançaria a marca dos bilhões de dólares caso esse espaço pudesse ser comprado para propósitos comerciais. O alcance orgânico e espontâneo dos momentos "instagramáveis" é muito mais valioso do que qualquer ação publicitária. Cada visitante é um microinfluenciador digital contando em detalhes sua jornada no Rock in Rio e provocando a curiosidade de quem não viveu essa experiência ainda. Para qualquer empresa, muito melhor do que falar a respeito de si mesma é deixar os fãs relatarem suas próprias experiências incríveis com a marca. Não há propaganda mais eficiente.

Quer um exemplo? Na edição de 2018, em Lisboa, havia um miniparque cheio de dinossauros em escala real, uma brincadeira do Rock in Rio com a expressão "dinossauros do rock". Até uma escavação arqueológica foi reproduzida, em que era possível levar para casa réplicas de partes de fósseis. Tudo foi amplamente compartilhado, e a transformação que o fã viveu foi multiplicada.

Se você está percebendo similaridades com a Disney e seu famoso jeito de encantar em cada detalhe, acertou! O Rock in Rio é a Disneylândia da música.

Os cuidados para garantir o encantamento do público continuam com a alimentação. Sim, comer também é uma experiência no Rock in Rio. Em todas as edições, dezenas de restaurantes preparam uma quantidade impressionante de pedidos em pouco tempo. Aliás, a agilidade é um dos critérios para ser fornecedor no festival, além da variedade entre os tipos de comida disponíveis. Em 2017, mais uma novidade: foi inaugurada a área Gourmet Square, inspirada no Mercado da Ribeira, de Portugal, dispondo de 14 bares e restaurantes em uma área climatizada que contava com a culinária assinada por *chefs* renomados.

Roberto Medina nos contou que já recebeu ofertas altíssimas de patrocínio de empresas produtoras de bebidas alcoólicas destiladas, mas as rejeitou por acreditar que desvirtuariam a experiência familiar. O teor alcoólico mais alto, próprio das bebidas destiladas, poderia aumentar expressivamente o número de incidentes como brigas.

As lojas que comercializam os itens oficiais e os dos artistas têm estrutura com qualidade de shopping center. No passado, eram posicionadas o mais perto possível da entrada e da saída para que o fã tivesse a chance de comprar sua lembrança física pouco antes de ir embora. Hoje, as lojas se multiplicaram e vendem desde discos de vinil até colecionáveis do Rock in Rio, como a lama da edição de 1985. E, acredite, é um sucesso de vendas. Afinal, suvenires que conseguem proporcionar uma lembrança afetiva são os de maior êxito comercial. As principais lojas estão no lado oposto da entrada, projeto modelado para que o visitante seja motivado a caminhar e explorar toda a estrutura de atrações.

Outro ponto alto do espetáculo é a queima de fogos que acontece na abertura dos portões como um grande sinal de boas-vindas, e também na abertura e no encerramento dos shows do Palco Mundo. Uma mistura de música e fogos em um raio de mais de 500 metros, com 18 pontos e mais de 4,5 toneladas de artefatos de pirotecnia.

EXPERIÊNCIA QUE TRANSFORMA POR UM MUNDO MELHOR

Pode parecer que tudo que estamos falando faça parte de uma experiência de entretenimento, em que as pessoas se divertem e brincam, enquanto a vida fora da Cidade do Rock é bem mais dura. Em 2017, foi possível dizer que o Rock in Rio viveu isso na pele.

Foi um momento delicado porque, enquanto o festival acontecia, o Rio de Janeiro estava em uma situação de guerra urbana. Uma disputa entre traficantes por território na comunidade da Rocinha provocou tiroteios em várias partes da cidade, inclusive na Linha Amarela, pela qual muitos fãs passariam rumo a Jacarepaguá. A situação ficou mais crítica no primeiro fim de semana, e o clima de celebração dentro dos portões do Rock in Rio contrastava com o medo das famílias escondidas, tentando se proteger na Linha Amarela. Jornais chegaram a noticiar "Cidade dividida entre a alegria do Rock in Rio e tiros na Rocinha".

Todavia, Roberta Medina disse que o conceito vai exatamente na direção contrária ao que afirmava a manchete do jornal. As condições criadas dentro do Rock in Rio nunca tiveram a finalidade de simular um conto de fadas, mas, ao longo dos anos, acabaram incentivando as pessoas a conviver de forma harmoniosa e pacífica.

Quando fãs vão ao festival, sabem que pessoas de todas as tribos costumam aparecer. Tantos grupos heterogêneos celebrando a música lado a lado virou uma demonstração marcante de que é possível resgatar o melhor das pessoas. O Rock in Rio também é uma mensagem de esperança, de um mundo melhor. Com segurança, entretenimento, aprendizado e tantas experiências, não há quem não fique mais leve. "É essa mensagem que precisamos levar adiante, para alcançar mais pessoas", concluiu Roberta.

O festival também enfrentou críticas quando anunciou que na edição de 2019 haverá pela primeira vez o Espaço Favela. A cenografia reproduzirá a "arquitetura" das favelas cariocas com fidelidade e será palco de mais de 30 atrações vindas dessas comunidades, artistas que, na maior parte dos casos, não têm espaço na mídia tradicional. A crítica residia na transformação da favela, um grave problema urbano, em uma atração em um festival, como uma versão de parque de diversões em que a miséria será o tema. Mas a filosofia do Rock in Rio acredita que, em vez de destacar a violência, o caminho é celebrar a paz.

Roberto Medina afirma: "Creio que 99% das pessoas que moram nas favelas cariocas são honestas, trabalhadoras e alegres. O problema todo é causado por uma minoria criminosa que cria essa triste imagem toda distorcida". Segundo ele, o Espaço Favela quer resgatar esse orgulho e apresentar artistas que vão do *funk* ao *jazz*.

Com o tempo, o poder da marca como força motriz para atingir seu compromisso na construção de um mundo melhor expandiu e ultrapassou a cerca do festival. Gerou 212 mil empregos diretos e indiretos em todas edições. Formou 3,2 mil jovens no ensino fundamental, no Rio de Janeiro. Montou salas sensoriais em ONGs para atender crianças com deficiências mentais e visuais. Colocou painéis solares em escolas públicas em Portugal. Restaurou 73 milhões de árvores com o Rock in Rio Amazonia Live. Comprometeu-se em compensar 100% das emissões de CO_2 do evento e investiu num plano de redução de emissões, que incluiu a elaboração de um manual de boas práticas para patrocinadores e fornecedores, que é atualizado a cada edição do festival.

E a lista segue.

A marca Rock in Rio foi reconhecida várias vezes pelo trabalho de impacto com foco social, e recebeu prêmios. Em 2013, foi certificada pela norma ISO 20121 – Eventos Sustentáveis. Mas nenhuma iniciativa foi motivada por reconhecimento. Para um festival que nasceu para transformar o mundo em algo melhor, ações sim são quase um passo natural da marca, já que todo o tempo os olhares estão voltados para os aspectos positivos, aqueles capazes de realizar mudanças que tragam soluções.

AS CONDIÇÕES CRIADAS DENTRO DO ROCK IN RIO NUNCA TIVERAM A FINALIDADE DE SIMULAR UM CONTO DE FADAS, MAS, AO LONGO DOS ANOS, ACABARAM INCENTIVANDO AS PESSOAS A CONVIVER DE FORMA HARMONIOSA E PACÍFICA.

LIÇÕES DO ROCK:
COLOQUE EM PRÁTICA

É impossível descrever o quanto é incrível ir ao Rock in Rio e sentir toda aquela adrenalina. É ser surpreendido o tempo todo, se emocionar, é saber que você está vivendo um dos dias mais especiais da sua vida e que vai se lembrar daquilo para sempre. Experiência é o momento que cria essa conexão. Por isso, perguntamos a você: como anda a preocupação com a criação de experiência no seu negócio? É uma armadilha achar que isso só é possível no Rock in Rio porque estamos falando de grandes shows e uma estrutura gigantesca. Experiência vale para qualquer negócio, não importa o tamanho. Quando o consumidor entra em um café, por exemplo, tudo faz parte dessa experiência, desde a música que toca ao fundo, passando pelos aromas do café sendo preparado e pela decoração. Esse ambiente em combinação com o relacionamento do cliente com quem o recepciona gera uma sensação de acolhimento que muito valorizamos. Quem se diferencia nessa jornada do usuário conquista fidelidade e um divulgador do seu negócio, já que o cliente se torna disposto a compartilhar e trazer mais pessoas para viver o que a sua empresa tem a oferecer. Pense nisso.

Reflexões para que você construa uma experiência Rock in Rio em seu negócio:

- O que você quer comunicar nesse diálogo?
- Qual é o melhor conteúdo para construir esse diálogo?
- O diálogo vai acontecer durante qual experiência?
- Por que vale a pena noticiar?
- Por que vale a pena compartilhar?
- Que tipo de cenário/ambiente você deseja criar em seu ponto de venda?
- Como é a jornada do seu consumidor em seus canais on-line?

INOVAÇÃO

SHOW DE DRONES NO
ROCK IN RIO DE 2017.

INOVAÇÃO

ROCK IN RIO – O DNA DA TRANSFORMAÇÃO

Inovação é um tema no topo das prioridades da maior parte das empresas atualmente. Se, nos anos 1980, a preocupação era gestão da qualidade, a acelerada revolução tecnológica nos anos 1990 (internet) e nos anos 2000 (mobilidade) fez com que modelos de negócio revolucionários se tornassem viáveis. Passamos também a usar termos como disrupção e transformação digital na chegada da onda de *startups*. Estas ganham escala em velocidade sem precedentes enquanto empresas líderes desaparecem em curto espaço de tempo.

Com o Rock in Rio não é diferente. Cultura de inovação e transformação constante mantêm a trajetória ascendente. Esses elementos também são fundamentais para que haja diálogo com seus públicos, cada vez mais diversos e exigentes. A cada edição a barra sobe. Entregar o que funcionou no passado vira o novo normal, ou seja, se o padrão esperado é uma experiência de arrepiar, inovar é uma competência de base no Rock in Rio. Quer dizer, inovação deixou de ser diferencial competitivo; hoje, ocupa um espaço como o das finanças e da gestão de pessoas. Afinal, é impossível ter um negócio de sucesso sem ser inovador.

As pessoas mudam. E o maior desafio de qualquer empresa é conseguir se adaptar na mesma velocidade das mudanças comportamentais e culturais de seu consumidor. Quando pensamos em inovação, normalmente a associação imediata é com o maior uso de tecnologia. No entanto, a principal transformação é a mudança de comportamento do consumidor. A pessoa que passa pelos portões do Rock in Rio e volta dois anos depois já não é mais a mesma.

Além disso, no período de intervalo entre festivais, imagina-se que o fã teve contato com experiências inovadoras em outros mercados. Os potenciais concorrentes do RiR não são somente os festivais de música; podem ser qualquer plataforma de experiência, seja de entretenimento, seja de educação, pois esse mesmo consumidor transita por vários meios, e, mesmo que inconscientemente, compara as possibilidades de experiência que cada um oferece.

A capacidade de enxergar esse movimento do público e de responder devidamente a isso coloca o RiR em um patamar único, pois nenhum outro festival no Brasil é realizado há tanto tempo. Diversos outros surgiram e desapareceram depois de algumas edições, pois perderam sua relevância e seu ponto de contato com o público. Atualmente, a própria dimensão do RiR é uma barreira de entrada natural para competidores. Mesmo que se tenha o capital necessário, alguns elementos só o tempo de estrada oferece, como a credibilidade.

A própria longevidade do Rock in Rio, com crescimento e expansão internacional, é um dos principais indícios de sua capacidade de inovação constante. Vamos entender alguns cases de inovação dentro do universo Rock in Rio com diferentes estratégias e propósitos. São eles: inovação que resultou em um *spin-off* (Game XP), inovação em um novo território de atuação (Rock in Rio Academy e Rock in Rio Innovation Week), inovação na experiência do usuário (sistema de agendamento nos brinquedos do festival). Vamos ver alguns cases emblemáticos de como o Rock in Rio inovou na prática.

INOVAÇÃO COMEÇA COM OBSERVAÇÃO

Capacidade de observação e contato constante com o público para ouvir seus *feedbacks* são o ponto de partida para inovar. Alguns acreditam que inovação parte de grandes ideias ou mesmo de grupos de planejamento. No entanto, as respostas sempre estão com o público, nem sempre diretamente, mas é o público que aponta as tendências.

Isto é inovação: a construção de conteúdos inéditos, uma combinação criativa de elementos que consiga gerar diálogo com o público.

E como identificar tendências e mudanças de comportamento para poder inovar? Além do *feedback* direto, o uso de dados vai tornando-se cada vez mais importante, pois permite coletar informações em maior volume e com mais precisão. E isso ajuda na definição de quem vai estar em cada palco no Rock in Rio, por exemplo.

Se no passado a sugestão de line-up era feita pelos profissionais da direção artística, hoje a tecnologia tem papel fundamental na tomada de decisão. Para o Palco Mundo, muita pesquisa de mercado é utilizada, além do volume de acessos em plataformas digitais como o Spotify, a Apple Music e o YouTube. Como esse palco é *mainstream*, quanto mais audiência, melhor. Esse é o recorte desejado. Também são selecionados nomes de relevância institucional, como o caso dos Scorpions em 2019. A banda não está entre as mais tocadas no Brasil, mas tem uma forte história com o Rock in Rio. Eles estiveram em 1985 no festival, no auge de sua popularidade nas rádios.

É preciso também conectar o gosto do público com a proposta única de cada palco, validar se a potencial atração está alinhada com a proposta do festival (não existem shows sertanejos no festival, por exemplo, apesar de sua enorme popularidade no Brasil) e compreender como o todo se comporta, já que diversidade de conteúdo é diferente de uma mistura aleatória que pode confundir o fã.

Se os dados são essenciais para entender o público, um dos desafios de qualquer empresa é aumentar essa zona de contato. Essa é uma das razões pelas quais o Rock in Rio usa a pulseira RFID (Radio Frequency Identification)[2] como ingresso. Com ela é possível fazer um rastreamento para saber por quais atrações o visitante passou, descobrir a sequência e a quantidade de atrações visitadas, a hora de entrada e de saída. Informações que, cruzadas com os dados cadastrais do fã, permitem ajustar atrações e trazem as pistas do que precisa ser melhorado. As redes sociais também são fortes aliadas, pois a coleta de dados é feita continuamente também por elas por meio de campanhas segmentadas, do alcance e do engajamento de cada postagem, entre outras estratégias que alimentam o planejamento do festival.

Observe que o RiR usa o contato muito próximo com os fãs como receita para se adaptar e se manter relevante ao longo de mais de três décadas. E em seu negócio? Quais são os pontos de interação? Como você acompanha essa evolução comportamental para adaptar seus processos e principalmente a jornada do usuário?

---

[2] Essa pulseira tem um microchip acoplado para captar e reproduzir dados por meio de radiofrequência.

ALGUNS ACREDITAM QUE INOVAÇÃO PARTE DE GRANDES IDEIAS OU MESMO DE GRUPOS DE PLANEJAMENTO. NO ENTANTO, AS RESPOSTAS SEMPRE ESTÃO COM O PÚBLICO, NEM SEMPRE DIRETAMENTE, MAS É O PÚBLICO QUE APONTA AS TENDÊNCIAS.

O PRÓXIMO PASSO PARA INOVAR – COLOQUE EM PRÁTICA E TESTE PARA APRENDER

Se o grande símbolo da necessidade de mudar foi a chegada das famílias ao festival em 2001, qual é o desafio atual? "Principalmente, o mundo dos games", declarou Luis Justo em uma de nossas conversas.

Você deve estar se perguntando: games? O que isso tem a ver com o RiR que é uma experiência de *live entertainment* no mundo da música? Tudo. Especialmente pela mudança de comportamento, imersão e *storytelling*. O mundo dos games cresce ano após ano e já faz tempo que deixou de ser consumido apenas por crianças e adolescentes. Os e-sports (competições de jogos eletrônicos) lotam arenas e estádios com equipes profissionais, premiações milionárias e ampla cobertura on-line e televisiva. Para dar a dimensão deste segmento, a final da Copa do Mundo de League Of Legends (popular jogo multiplayer) reuniu 45 mil pessoas no estádio Sangam em Seul na Coréia do Sul em 2002.[3] A cobertura foi feita para mais de 40 países em 19 idiomas. Um dos pontos altos: o show da banda americana Imagine Dragons. Fãs, estádios e música. Isso o faz lembrar de algum outro mercado?

Foi essa mudança comportamental que o Rock in Rio identificou. Por isso decidiu inovar e criar, pela primeira em um festival de música, um espaço dedicado aos jogos eletrônicos. A Game XP, como esse espaço foi apelidado, já nasceu grande e usou, na edição de 2017, duas arenas olímpicas e uma área externa que chamou de *experience bay*.

---

[3] BETOCLOCK. "The biggest live esports events on the planet". Disponível em: https://betoclock.com/biggest-esports-live-events/. Acesso em: 22 ago. 2019.

Em uma das arenas, a Game XP criou o seu ícone: a maior tela de games do mundo (1.400 m²), e recebeu, nos 7 dias do festival, competições e jogadores profissionais de e-sports.

Game já não é mais um nicho. Mais de um terço da população brasileira joga algum tipo de game virtual. O número de pessoas assistindo a torneios on-line e na TV já superou outros conteúdos que, até então, eram unanimidade como basquete e futebol americano. Para ele, já estava na hora de massificar o acesso a esse tipo de experiência.

Os dados de audiência nos EUA reforçam o argumento, os e-sports estão na segunda colocação em audiência, com 88 milhões de pessoas, atrás apenas do futebol americano. Já estão à frente do baseball e do basquete. Para o Rock in Rio, hoje já existem feiras e campeonatos que atraem multidões específicas do mundo dos games. Por isso, o festival, baseado no modelo que usa para a música, quer criar um novo conceito de evento para atrair não só os fãs, mas as marcas e toda a família.

O resultado confirmou as expectativas. Durante o RiR de 2017 cerca de 50% do público que foi à Cidade do Rock visitou as arenas dedicadas ao Game XP comprovando a aposta na relevância do tema para o público do festival. Estava, então, comprovada uma oportunidade de potencialização.

PRÓXIMO PASSO – A GAME XP VIRA UM SPIN-OFF DO ROCK IN RIO

Com o sucesso da edição de 2017 dentro do Rock in Rio, em 2018, a Game XP ganha vida própria e volta ao parque olímpico como evento solo. Sabendo da importância em ter autoridade e proximidade com cada público, o

Rock in Rio, desde a edição de 2017, juntou forças com a Comic Con Experience (CCXP), que é considerado como o maior evento de cultura pop do Brasil e inspirado na San Diego Comic-Con focada em quadrinhos, filmes, séries e games. O Grupo Globo completou a tríade da Game XP a partir da edição de 2018. A somatória foi live entertainment e autoridade no mundo do entretenimento (RiR), cultura geek (CCXP) e mídia (Grupo Globo).

Compreender quais são as competências e experiências necessárias para entrar em um novo mercado é fundamental para conseguir inovar e comunicar a nova proposta de valor do negócio. Mesmo com 34 anos de experiência em entretenimento, quando identificou a oportunidade de construir um novo conteúdo na área dos games, o Rock in Rio buscou parceiros que lhe pudessem complementá-lo com conhecimento específico sobre uma indústria diferente da sua e que pudessem dar notoriedade e aumentar o alcance do novo conceito junto ao maior número de pessoas possível. Pense sobre isso para o seu negócio. Quando identificar uma oportunidade de inovar ou de entrar em um novo mercado, veja se você dispõe dos recursos necessários ou se o caminho é buscar uma parceria que traga essa complementariedade.

A primeira edição da Game XP atraiu mais de 95 mil pessoas e foi realizada no Parque Olímpico, mesmo local do Rock in Rio. Além das três arenas focadas em competições e gameplay, a área externa trazia atrações, onde o game saía das telas e ganhava vida, permitindo que o público se sentisse um personagem enquanto brincava.

Em vez de começar uma trajetória de público segmentado para depois sofrer uma ampliação, a Game XP já nasceu com cara de parque temático.

Pais levaram os filhos mesmo sem entender nada do assunto, mas encontraram atrações como a pista de kart e o beer garden com jogos analógicos.

E mesmo tendo virado um evento solo, a Game XP não deixou de ter seu espaço dentro do Rock in Rio. Na edição de 2019, a Game XP assume o papel de curadora da arena de games no festival. Além da inovação e da conexão com um público diferente, a ação mira outro ganho muito importante: fomentar conteúdos e eventos e a manutenção do contato com os fãs nos anos em que o festival não é realizado.

A Game XP pode alcançar o tamanho do RIR? "Ousado dizer, mas é possível que sim", comenta Roberta Coelho, hoje CEO da Game XP.

E se o espaço foi uma grande novidade dentro do Rock in Rio, ganhando vida própria, seu futuro aponta para mais um passo na própria inovação, com maior foco em competências e profissões do amanhã. A edição solo de 2019 foi 60% maior do que a edição de 2018 e contou novamente com a Inova Arena, que pretende conectar o público com temas como inteligência artificial e realidade virtual. Assim como a música foi plataforma para debater temas como a sustentabilidade e o impacto positivo na sociedade, a Game XP tem potencial para debater a influência da tecnologia na vida das pessoas. E é claro, mais uma vez as marcas participarão como parte do conteúdo, utilizando histórias famosas para complementar o seu *storytelling*, como com a Embraer usando um enredo de *Star Wars* para contar a sua história.

Aliás, *storytelling* é essencial para o Rock in Rio e para a comunicação moderna. Todas as plataformas contam histórias e mais do que isso, permitem que as pessoas vivam as próprias narrativas. O mundo dos games cresce tanto porque coloca a pessoa no centro, participando ativamente do show, da construção da trama que se desenrola em vez de consumi-

ALÉM DA INOVAÇÃO E DA CONEXÃO COM UM PÚBLICO DIFERENTE, A GAME XP MIRA OUTRO GANHO MUITO IMPORTANTE: FOMENTAR CONTEÚDOS E EVENTOS E A MANUTENÇÃO DO CONTATO COM OS FÃS NOS ANOS EM QUE O FESTIVAL NÃO É REALIZADO.

-la passivamente. Vemos esse tipo de inovação também na Netflix com o filme *Black Mirror: Bandersnatch* em que o espectador participa das decisões dos personagens e isso altera os rumos da narrativa.

Além disso, existe o senso de comunidade. Os jogos de maior sucesso são aqueles em que o time precisa cooperar para atingir seus objetivos, dentro de ambientes cada vez mais imersivos. Vendo o progresso dessas tecnologias alguns poderiam até concluir que são ameaças para o Rock in Rio. Mas, não. Longe disso, são grandes oportunidades, como a Game XP demonstrou nesse ciclo de inovação. Luis Justo conclui: "Na nossa missão não há festival de música como restrição". No futuro, pode até ser que o festival de música tenha um papel menor na experiência dos fãs.

Um dos exemplos de inovação que surge pela mudança de comportamento das pessoas é a participação de influenciadores digitais na edição de 2017, no Digital Stage. Havia certa tensão em torno deste espaço por parte tanto da organização quanto dos patrocinadores. Os influenciadores têm carreiras meteóricas e virais, têm total domínio das câmeras e relacionam-se com os seus fãs da forma mais próxima que o mundo virtual pode proporcionar. Mas como as estrelas da internet performariam em um palco, ao vivo, com milhares de fãs à sua frente, interagindo ali, presencialmente, à sua atuação? Mas a proposta foi um sucesso, os fãs fizeram fila para ter contato com seus ídolos e o conceito foi exportado para o Rock in Rio Lisboa de 2018, tendo sido também uma aposta ganha junto ao público português.

O Rock in Rio é capaz de combinar duas forças da inovação: acompanhar as mudanças de comportamento de quem já é fã e entender novos hábitos e se conectar com novas gerações. É assim que a marca não envelhece, o "Rock" do "Rock in Rio" é este estado de espírito, é uma atitude que nunca sai de cena.

CASE DE INOVAÇÃO – ROCK IN RIO ACADEMY

E como surge a inovação dentro do Rock in Rio? É difícil sair do momento em que se percebe uma oportunidade até colocá-la em prática?

Em um bate-papo com Agatha Arêas, vice-presidente de *learning experience* do Rock in Rio, conseguimos descobrir de que forma é possível ser inovador dentro do maior festival de música do mundo. E, acima de tudo, como ser sagaz na criação de uma nova vertente: o Rock in Rio Academy, a programação *business* do festival. É um encontro para executivos, gestores, empreendedores e administradores que querem conhecer o modelo de negócios do RiR.

Para ela, tudo nasceu da motivação e de um desejo de conseguir transmitir o legado do Rock in Rio, cujo principal objetivo é trabalhar com qualidade e excelência, conduzindo tudo isso a diferentes mercados e compartilhando esse processo desafiador de um modo que seja inspirador e útil.

A proposta do Rock in Rio Academy é transmitir o legado da marca por meio dos executivos do Rock in Rio – que estão no epicentro do projeto desde o planejamento até a realização do festival – disponibilizando-se a relatar como são os bastidores, ressaltando os desafios, as dificuldades, a superação e também falando sobre a gestão de crise, sobre quando as coisas não caminham conforme o esperado.

A proposta central para o desenvolvimento do Rock in Rio Academy foi compartilhar e ampliar conhecimento por meio da elaboração de um *playbook* que descrevesse como fazer algo tão grandioso como o festival, e também compartilhar os resultados magníficos alcançados como negócio e construção de marca.

Ao longo do dia de imersão no Rock in Rio Academy, cada executivo descreve como faz sua entrega de proposta de valor. Seja um executivo à frente da área de marketing, seja um da área de operações, é destrinchada individualmente sua atuação particular para a concepção do todo que compõe a entrega final do Rock in Rio.

Quando o projeto foi lançado, muitas pessoas alheias à organização levantaram questões a respeito do risco de abrir o *playbook* do festival compartilhando estratégias, práticas e aprendizados que ficariam disponíveis inclusive para a concorrência. Porém, para a equipe do Rock in Rio, esse receio é infundado, já que esta acredita que a cultura de uma empresa é algo impossível de ser copiado.

Determinados fatores, como espírito e alma do negócio, são intangíveis. É possível ter disponíveis as mesmas tecnologias, as mesmas ferramentas e o mesmo capital, mas a alma das pessoas que conectam e gerenciam esses ativos jamais pode ser copiada.

E se, no fim, alguém conseguir copiar, eles ainda acreditam que será mais uma razão para que o Rock in Rio se supere novamente. Acreditam que, se alguém chegar perto ou se equiparar ao que é a entrega atual do festival, o nível do mercado vai se elevar, e quem ganhará com isso será o consumidor, as marcas e toda a cadeia produtiva, formada de fornecedores, equipes de montagem e artistas.

O fato primordial é que todos triunfam quando o mercado ganha em excelência. E, mais do que isso, os idealizadores do Rock in Rio olham para o festival como parte de um ecossistema que tem outros *players*. Se todos os *players* interessados crescem, todos ganham, em uma cadeia que se profissionaliza cada vez mais. A reverberação disso impacta diretamente na produtividade dos negócios de quem participa. A inovação só é possível quando há um espírito de contribuição e colaboração.

E os concorrentes devem ser vistos como parte de um todo. Se você acredita que atuar em um mercado com poucos competidores é uma vantagem, vale repensar esse conceito. O ideal é ter bons participantes que ajudem a aumentar o nível do mercado. Com o Rock in Rio Academy, o entretenimento no Brasil e em Portugal cresce, além de todos os outros mercados representados por seus executivos nesse dia de intenso aprendizado.

A lição primordial para que algo inédito ocorra é se cercar de parceiros que possam agregar ao novo projeto uma expertise diferente da do seu projeto. O Rock in Rio sabia que precisava de um parceiro com *know-how* em educação executiva para trazer metodologia à ideia. A organização juntou-se então à HSM Educação Executiva, cujo objetivo principal nessa parceria era transformar o conhecimento empírico armazenado ao longo de décadas do Rock in Rio em um programa de formação. Pela primeira vez, esse conhecimento seria compartilhado de forma estruturada. E Luis Justo foi o primeiro a declarar que, mesmo que o projeto não desse certo fora da organização, ele já teria obtido êxito dentro dela, pelo fato de estruturar a gestão do conhecimento da empresa.

O Rock in Rio Academy demonstra que as inovações que surgem dentro do festival são baseadas em visões empreendedoras. Geralmente, os envolvidos têm carta branca para fazer acontecer. É um ambiente de cocriação muito positivo que empodera as pessoas para que elas possam inovar e intraempreender. O Rock in Rio Academy já formou 1.700 executivos em suas 2 edições no Brasil (2015 e 2017) e 2 edições em Portugal (2016 e 2018).

CASE DE INOVAÇÃO – ROCK IN RIO INNOVATION WEEK

O processo inovador dentro do festival tem o caráter de abrir um território novo e avança quando o público responde bem a ele e a iniciativa cresce – assim como ocorreu com a Rock Street, um projeto piloto do Rock in Rio 2011, que vem crescendo a cada edição.

Algo semelhante vem acontecendo a partir da criação e do desenvolvimento do Rock in Rio Academy, que abriu espaço para conversas com interlocutores diferentes, interessados em explorar mais possibilidades de criação de experiências de aprendizagem inovadoras com base no ecossistema do RiR.

A receptividade do mercado ao Rock in Rio Academy foi grandiosa desde sua primeira edição tanto no Brasil como em Portugal. Ao mesmo tempo, a empresa nutria o desejo de abrir espaço para outras conversas, dar palco a ideias e debates que, por um lado, deveriam estar alinhados com os valores da marca e, por outro, não precisavam centralizar-se nela, pois, para esse fim, já existia o Rock in Rio Academy.

Foi então que, em 2018, aconteceu a primeira edição do Rock in Rio Innovation Week, em Portugal. Da ideia, passando pela decisão de fazer, até os dias do evento, foram menos de seis meses. A equipe do Rock in Rio acredita que era hora de acontecer, que as pessoas pareciam estar esperando um espaço de fala, um ambiente inspirador e provocações construtivas para a geração de mudanças. E, em 2019, o projeto voltou a acontecer em Lisboa, com o dobro de tamanho e a participação de marcas de extrema relevância em Portugal e no mundo, como parceiras na construção do conteúdo.

É curioso que a palavra *"innovation"* ("inovação", em português), presente no nome do projeto, não diga respeito às inovações tecnológicas, mas, sim, à capacidade de desbravar o novo. O *slogan* do projeto é "A tua atitude transforma", e a proposta do programa é posicionar o ser humano como protagonista da mudança. Agatha Arêas dividiu conosco a ideia de que "a pessoa é o ponto de partida para a inovação; a tecnologia é o meio. O novo não acontece sem a atitude humana de iniciar o caminho para a transformação. A tecnologia pode ser, sem dúvida, uma grande aliada nesse percurso. No entanto, a vontade de fazer acontecer o que se quer é uma habilidade humana, e não replicável".

Quando falamos com diferentes executivos do Rock in Rio, é comum que todos tragam para a conversa alguma menção ao entendimento de que o RiR é feito por pessoas e para pessoas. É centrado no ser humano. Certamente, seu campo de atuação propicia um relacionamento emocional com o público. Mas a verdade é que, com base em tudo que temos pesquisado e aprendido sobre essa marca e sua empresa, concluímos que esse é um grupo que sabe interagir com seus fãs e com seus parceiros e gosta disso. Há muita interação entre a equipe e uma valorização muito clara do capital humano. E, em uma época em que se fala tanto de "humanização" de marcas e tecnologia, percebemos que o RiR fundamenta seus alicerces na relação que tem com as pessoas.

Na empresa Rock in Rio, há grande abertura para que todos proponham ideias. A ideia de enfrascar a lama do terreno da Cidade do Rock de 1985 é um dos exemplos de produto que se tornou icônico. A sugestão partiu de um então colaborador temporário, que trabalhava no marketing do festival e comentou com Roberto Medina que aquela seria a última chance de pegar a lama de onde tudo começou, ou seja, em 2015, ano em que a marca comemorava 30 anos de sua criação, pois na área onde aconteceu a primeira edição do festival iriam começar as obras para um empreendimento imobiliário que acabaria com a emblemática lama que se tornou um dos símbolos da edição de 1985. A ideia foi aceita, e o rapaz que a sugeriu foi desafiado a fazer aquela maluquice virar realidade. Desafio aceito, missão cumprida! A lama foi retirada do terreno e depositada em um sofisticado mostruário de acrílico para que as pessoas pudessem tê-la em casa como um suvenir.

E qual foi a surpresa? Houve uma procura maluca pela lama de 1985.

Pois é, o Rock in Rio conseguiu vender até mesmo terra molhada graças a essa carga emocional e de histórias que o festival carrega. A inovação se dá por meio de amplitude, com pessoas envolvidas em propósitos nos quais é possível atingir uma multidão. Este é o Rock in Rio: um amplificador de conexões e de emoções que funciona como guitarras e contrabaixos que produzem sons que atingem apenas poucas pessoas quando tocados no modo acústico, mas que, quando plugados em sistemas amplificadores, produzem um grandioso show com milhares de pessoas vibrando na mesma frequência.

CASE DE INOVAÇÃO – DIGITALIZANDO A FILA DOS BRINQUEDOS NO ROCK IN RIO

Com a Cidade do Rock se transformando cada vez mais em um grandioso parque de diversões da música, era natural que atrações radicais e brinquedos passassem a fazer parte da programação. Roda-gigante, montanha-russa, Mega Drop e tirolesa foram incorporados ao longo do tempo e não ficaram atrás do que é possível encontrar em qualquer parque temático mundo afora.

A roda-gigante leva 9 mil pessoas por dia até uma altura de 35 metros para que possam apreciar uma linda vista do festival. Já o Mega Drop é a maior torre de queda livre transportável do Brasil, com 40 metros de altura. Em quarenta segundos, 12 passageiros sobem a uma altura de 13 andares para, logo depois de desfrutar de uma vista privilegiada, despencar em altíssima velocidade. A montanha-russa fica próxima ao Rock District e trilha um percurso de mais de 300 metros em meio a *loopings* e espirais. A tirolesa é a atração mais procurada; a chance de voar bem em frente ao Palco Mundo é uma febre desde que ela foi instalada.

Essas atrações fizeram um sucesso instantâneo e foram patrocinadas por grandes marcas (cada brinquedo recebeu o nome de uma delas); são ideais para quem busca mais adrenalina. Mas nem tudo sempre foi perfeito. No início, houve problemas por causa das imensas filas. Se, por um lado, elas eram um sinal claro de sucesso, por outro, poderiam prejudicar a jornada do fã. Pior que isso: alguns ficavam frustrados por esperar durante horas e não conseguir usufruir das atrações.

Nesse caso, a inovação foi possível com o uso da tecnologia. Como o ingresso no Rock in Rio é a pulseira com *chip*, foi criado um sistema de fila virtual. Assim que os fãs chegavam ao festival, bastava ir até a atração e registrar sua pulseira para entrar na fila. Na última edição realizada em Portugal havia um aplicativo para a fila que demonstrava, em tempo real, o tempo médio de espera.

Geralmente, os lugares disponíveis para um dia do festival esgotavam em menos de uma hora, mas havia a chance de alguma desistência, por isso também foi programada uma fila de espera para esses casos. A maior inovação foi devolver tempo de festival para os fãs. Quem ficava em uma fila estava deixando de aproveitar outras atrações e de se conectar com muitos conteúdos.

Pode até parecer algo simples, mas, mesmo uma solução como essa, quando aplicada no Rock in Rio, demanda uma infraestrutura e fornecedores de tecnologia de altíssimo nível. Com tantos fãs na expectativa por voar na tirolesa, não há espaço para o sistema que faz a contagem da fila sair do ar. Foram necessários quilômetros de cabos e incontáveis testes para que tudo funcionasse perfeitamente.

LIÇÕES DO ROCK: COLOQUE EM PRÁTICA

- Estar sempre ligado nas mudanças de comportamento do seu público é a base da inovação. As maiores oportunidades surgem para quem observa e se adapta rapidamente.

- Testar as hipóteses é o caminho para validar novas iniciativas. Comece com algo pequeno, aprenda muito com o *feedback* do público e depois acelere a expansão daquilo que é inovador.

- Uma empresa é tão inovadora quanto o clima dela permite. O Rock in Rio tem cultura de inovação em seu DNA; é um ambiente em que até mesmo estagiários e profissionais prestando serviços temporariamente têm acesso aos executivos para propor novas ideias. Menos graus hierárquicos e tolerância ao erro são instrumentos que não podem faltar na hora de compor um *hit* da inovação.

- Experiência do usuário é sempre prioridade no que diz respeito à aplicação de soluções que tragam conforto, comodidade e economia de tempo. A criação da fila virtual para os brinquedos do parque do Rock in Rio foi imediatamente percebida pelos fãs e considerada um avanço. Assim, na hora de colocar prioridade em projetos de inovação, uma dica valiosa é sempre pôr no topo da lista aqueles que têm foco no consumidor.

- Não é porque algo funciona bem e de um jeito

conhecido que não deve ser inovado. Questione sempre como as coisas poderiam ser diferentes. Quando o assunto é inovar, em time que está ganhando é que se mexe!

5
"ROCK IN RIO – EU FIZ!" – OS APRENDIZADOS DE LIDERANÇA DO ROCK IN RIO

5

"ROCK IN RIO – EU FIZ" – OS APRENDIZADOS DE LIDERANÇA DO ROCK IN RIO

No Rock in Rio, a liderança atua em uma proporção inimaginável. Configura-se de uma forma que poucas pessoas conseguem acompanhar.

Fazer algo com essa grandiosidade que é o evento, com um grupo pequeno de executivos envolvido, em um período curto, ao mesmo tempo que o legado é importante para a cidade, para o Brasil e para outros países em que o festival é realizado, é o desafio maior do Rock in Rio. Todavia, é um desafio com uma abrangência muito mais ampla do que a de qualquer outra empresa. Ainda assim, as lições são muito valiosas para qualquer tipo de negócio.

Quando falamos de liderança no Rock in Rio, a vertente principal está direcionada a Roberto Medina. Em um primeiro momento, pode até soar estranho, já que muito se fala que não se pode personificar a liderança. No evento, ocorre exatamente o contrário. É impossível falar com alguém do maior festival de música do mundo, seja por apenas cinco minutos, sem que o nome de Medina seja mencionado.

Nesse aspecto, o Rock in Rio quebra uma série de paradigmas e mostra que, de fato, não existe receita certa ou errada quando o tema central é gestão e liderança. Existe, fundamentalmente, o que funciona e é feito com excelência. Roberto Medina, sim, personifica a liderança, assim como acontece com outras grandes empresas. Steve Jobs e Apple são indissociáveis, e da mesma forma é impossível mencionar a Disney sem citar seu criador, Walt Disney.

O principal executivo frente ao Rock in Rio é um ser humano carismático que consegue influenciar todos a seu redor e fazê-los trabalhar por paixão. Com amor, Roberto Medina encanta com sua grande visão de comunicação, uma visão holística de negócios e agilidade na tomada de decisão.

Algumas pessoas afirmam que são "crias" dele porque foram moldadas com o espírito de rejeitar o "não" e de sempre querer fazer o impossível, ou seja, "fracassar" é um verbo inexistente para ele. Esse caráter é incorporado pelos membros da equipe. Isso é o que torna o modelo de negócio e liderança viável. E, como ele sempre leva o trabalho para uma nova barreira de excelência, o espírito do dinamismo e da força é despertado o tempo todo, e quem está a seu lado não tolera menos.

Essa lição é muito valiosa, já que muitas das empresas hoje no Brasil têm essas características. Não são companhias com um conselho de administração formalmente constituído, mas feitas com empreendedores que fazem de tudo um pouco. Deixar de ter vergonha de ser a personificação do negócio é uma das lições aprendidas com Roberto Medina.

Outra peculiaridade importante é que o Rock in Rio tem um ambiente extremamente familiar. Roberta Medina, filha de Roberto, é uma grande líder e representa o festival fora do Brasil. Trabalha com o irmão, Rodolfo Medina, que, além de estar à frente da Artplan, é a grande cabeça por trás da vitoriosa estratégia de parcerias do Rock in Rio. E, ainda, contam com Rubem Medina, irmão de Roberto, seu sócio e conselheiro nos negócios da família. O ponto central é que todos os envolvidos são competentes, comprometidos e, acima de tudo, engajados.

Os gestores que trabalham no Rock in Rio compõem outra grande família. Existe convivência, amizade, troca de ideias e companheirismo. Se formos pegar a cartilha do que é considerado certo no mundo corporativo, as práticas consideradas corretas, o Rock in Rio faz muitas coisas ao contrário. E é impressionante quanto o Rock in Rio consegue ser como uma banda que sabe tolerar os dias bons e os ruins de todos os integrantes. No fim, o resultado é a mais pura perfeição.

Roberto não apenas cobra. Ele também parabeniza a equipe pelas boas ideias e recebe sugestões; isso é fundamental. Contudo, é na hora que as coisas são feitas que Medina manifesta seu reconhecimento.

Por isso este livro tem como título *Rock in Rio: a arte de sonhar e fazer acontecer*. Sonhar é a capacidade de conseguir imaginar cenários e mundos que podem ser concretizados. Mas isso não basta. No Rock in Rio, a meta é sempre fazer acontecer. A atitude realizadora e a força de concretização são características valorizadas, perseguidas e exercitadas diariamente pela equipe.

Um fator impressionante e fundamental é a capacidade de transmissão de confiança e de visão. Imagine o seguinte: se as empresas têm dificuldades para engajar e liderar funcionários que trabalham oito horas por dia, o Rock in Rio sai de uma equipe enxuta de 30 pessoas para 300 profissionais próximo ao evento e para 20 mil envolvidos no dia em que o festival é realizado. E muitas dessas pessoas receberam um treinamento de pouquíssimas horas. Nesse treinamento, os executivos fazem palestras, explicando as suas áreas e o que é o RiR Em Uma Página, ou seja, valores, missão e propósito, por exemplo. Além disso, é esclarecido como funcionam a Cidade do Rock, a operação de trânsito e a certificação de sustentabilidade, destacando quais são as práticas utilizadas para manter isso. Em outras palavras, é passado tudo sobre a cultura, a filosofia e os processos e sistemas, perpetuando, assim, a cultura e a organização da marca em uma experiência que apresenta ferramentas de gestão de tarefas. Mas qual, então, é o segredo? Todo mundo foca a entrega e a excelência. Independentemente da área de atuação, todos sorriem com o olhar, pois têm a capacidade de instruir e ensinar os outros, sendo então parte vital dessa experiência. E a realização só é possível em razão do alto grau de confiança. Confiar que todos tomarão decisões tão incríveis quanto os fundadores.

Essa análise corporativa pode ser explicada por meio do livro *Blitzscaling: o caminho vertiginoso para construir negócios extremamente valiosos* (Alta Books, 2019), escrito por Reid Hoffman, que enfatiza que o maior desafio das *startups* é sair de uma escala denominada família (um grupo de 10 membros ou uma tribo menor com 100 pessoas) para se transformar em uma vila com mil moradores, depois em uma cidade e, por fim, em uma nação que totalizaria mais de 10 mil colaboradores. E o Rock in Rio tem esse desafio a cada edição. Existe todo um movimento de respiração, expansão e contração, tudo isso graças a uma notável liderança de engajamento.

Pode parecer antagônico falar de paixão e administração, mas a liderança do Rock in Rio é absolutamente disciplinada. As etapas são balizadas com o uso de ferramentas e *softwares* de gestão e Project Management Office (PMO), o que foi fundamental para garantir a saúde financeira e os controles do festival, segundo seu CFO (diretor executivo-financeiro), Duarte Leite. Algo diferenciado é que, toda semana, é realizada uma reunião para que os gestores possam dizer o que estão fazendo e dar uma descrição de como andam os processos. Dessa maneira, não ecoam as famosas frases do tipo "Eu não sabia que você faria isso". Todos estão alinhados com o dia a dia de trabalho. A equipe de Portugal também contribui e, com frequência, vem ao Brasil para participar *in loco* dos encontros, onde são apresentados ciclos de planejamento e lições aprendidas.

E É IMPRESSIONANTE QUANTO O ROCK IN RIO CONSEGUE SER COMO UMA BANDA QUE SABE TOLERAR OS DIAS BONS E OS RUINS DE TODOS OS INTEGRANTES. NO FIM, O RESULTADO É A MAIS PURA PERFEIÇÃO.

Roberto Medina sempre diz "Acabou o festival, só estou preocupado com o próximo". O que ele busca com isso é produzir um fator de escala na excelência. Fazer bem-feito está acima de tudo, e a qualidade é primordial, pois está diretamente ligada à experiência do usuário. O Rock in Rio é uma empresa obcecada em tocar o maior número de pessoas possível e ir cada vez mais longe, mas sem deixar de lado a qualidade. Com relação ao engajamento, os executivos do festival acreditam no ciclo da motivação: se 30 pessoas conseguem motivar outras 150, e estas conseguirem atingir, consequentemente, mais 150, será possível abraçar o mundo.

E o que acontece quando as coisas não dão tão certo? Até o feedback é diferente no Rock in Rio, visto que a gestão avalia muito as chances e os aprendizados, acreditando que a liderança está ligada a uma combinação de coragem e humildade. São pessoas focadas em ouvir todos os *stakeholders*, o público e os parceiros/patrocinadores. A esse modelo é dado o nome de Avaliação 360 graus, na qual o feedback acontece transversalmente entre a equipe, ou seja, líderes e funcionários participam e compartilham as impressões gerais que tiveram um com o outro. Com os parceiros – patrocinadores e fornecedores –, é realizada uma reunião para apresentar os pontos que funcionaram e os que não funcionaram naquela edição e, é claro, eles também fornecem o feedback das percepções que tiveram. Por fim, para não repetir os mesmos erros, tudo o que foi compartilhado é registrado e, assim, é possível aprimorar o que será feito nas próximas edições.

Um fato que comprova essa afirmação é que, durante as entrevistas para a composição deste livro, todos foram extremamente solícitos em compartilhar suas experiências, sempre com os olhos brilhando ao contar as histórias do festival. A diretora de marketing Fernanda Estrella destaca que essa paixão é impulsionada porque todos sentem que realmente fazem parte da entrega do Rock in Rio, conseguem vislumbrar a materialização de seu trabalho e se emocionar ao ver os milhares de fãs chegando. Esse orgulho em poder concretizar algo tão grandioso motiva a todos. Outro ponto que Fernanda destaca no estilo RiR de liderar é a estrutura horizontal enxuta, que conta com uma comunicação franca e direta.

Os executivos do Rock in Rio acreditam muito que as palavras convencem, mas o exemplo transforma. E Roberto Medina dá o exemplo para toda a equipe tomando por base o famoso *"walk the talk"*: comporte-se da maneira como você fala. Essa expressão foi amplificada no Rock in Rio em 2013, quando Medina ficou sabendo que duas fãs tiveram seus ingressos roubados ao chegarem ao festival. Imediatamente, ele pediu à equipe que as localizasse e convidou-as a assistir ao evento da área VIP. Medina entregou as pulseiras para elas pessoalmente, e acho que é possível deduzir que elas tiveram uma experiência inesquecível.

Os líderes incorporam essa questão da motivação. Luis Justo sempre menciona um experimento motivacional do professor Dan Ariely, da Universidade Duke. Nesse estudo, foram formados dois grupos para montar alguns bonecos. A remuneração era a mesma, mas as condições eram diferentes para cada um dos grupos. No primeiro grupo, assim que o boneco ficava pronto, o orientador o guardava embaixo de uma mesa e colocava outro boneco, idêntico, para ser montado novamente. Em média, cada participante montou o mesmo tipo de boneco 11 vezes. No segundo grupo, os incentivos financeiros permaneceram os mesmos, mas, a cada vez que um boneco era montado, o orientador o desmontava. Com essa mudança, a média de bonecos montados caiu para sete. A conclusão a que chegaram foi que a cultura de incentivo é muito mais importante do que a remuneração financeira.

A ideia de construir um legado e ser parte de uma história que vai permanecer é algo impressionantemente forte em todos os profissionais do Rock in Rio. Isso pode ser claramente exemplificado com o caso do Amazônia Live, projeto para o qual Roberto Medina decidiu plantar 1 milhão de árvores. Ele não só plantou como também criou um programa fabuloso que alcançou a casa de 3 milhões de árvores plantadas. E, quando ele envolveu parceiros do Rock in Rio nessa iniciativa, o montante passou das 70 milhões de árvores plantadas. Isso caracteriza um líder que é desafiado, que topa fazer o impossível, se supera e empodera outras pessoas para que façam o mesmo. O impacto não é só na empresa, mas na comunidade, na cidade e no país.

Em 2017, Medina afirma que o Parque Olímpico, nos seus 360 mil metros quadrados de área, recebeu, em sete dias, 700 mil pessoas, e, de acordo com um estudo da Fundação Getulio Vargas, o Rock in Rio representou um impacto de 1,7 bilhão de reais para a cidade. Foram mais de 400 mil turistas atraídos pelo evento. Tudo isso acontecendo em um momento em que o Rio de Janeiro passava por casos de violência urbana, em que muitos questionavam se o festival deveria mesmo acontecer. No entanto, Medina foi a favor da realização do festival, reforçando o caráter de um líder atrevido, resiliente e com uma enorme visão positiva e construtiva. Vale muito para o Brasil se espelhar em um exemplo assim em um período de crise.

Além de deixar esse legado, Roberto Medina quer compartilhar resultados. Na abertura dos portões da Cidade do Rock, todos os colaboradores envolvidos são convidados para a cerimônia e para celebrar esse momento após dois anos árduos de trabalho.

LIÇÕES DO ROCK:
COLOQUE EM PRÁTICA

- O Rock in Rio almeja engajar todos os envolvidos em um mesmo sonho. Como você poderia comunicar o propósito de sua empresa para que este fosse mais bem difundido?
- Grande parte das empresas brasileiras tem base familiar, e isso pode ser uma enorme vantagem competitiva quando se trabalha com profissionalismo.
- Paixão e criatividade não são sinônimos de desordem. Combinar ferramentas e métodos de gestão é o que possibilita gerir com eficiência qualquer tipo de negócio.
- Propósito e cultura de incentivos positivos estão no centro do modo de liderar no Rock in Rio. Como essa abordagem poderia ser aplicada em seu negócio?

PROPÓSITO E LEGADO

PROPÓSITO E LEGADO

POR UM MUNDO MELHOR

"Eu não pensei em fazer um festival de música. Pensei o seguinte: 'Vou fazer uma coisa revolucionária, para mostrar a cara do Brasil, da juventude, e mostrar que a gente sabe, sim, fazer coisas incríveis'. Saiu o Rock in Rio. Eu não tinha conhecimento de rock, eu fui aprender."

Essa declaração de Roberto Medina sintetiza de maneira precisa a lógica por meio da qual o Rock in Rio é movido. Basicamente, há um propósito muito claro e a intenção de criar um mundo melhor.

Para entender como isso funciona, é preciso, antes, desmistificar um pouco a ideia de "propósito", que se tornou moda em tempos recentes. Algumas propagandas com intenções meio místicas sempre acabam resvalando na ideia de melhorar o mundo. Isso é bonito! Mas, sem um *como*, não há motivo capaz de se sustentar.

Propósito, de maneira simples e direta, é a razão pela qual fazemos o que fazemos. E, embora as intenções nobres de "melhorar o mundo" sejam hoje abundantes nos discursos dos jovens que criam *startups* e que esperam se tornar o próximo unicórnio[4] ou nas palestras dos *coaches* que ajudam seus clientes a encontrar uma razão que os motive a atingir o próximo nível, no caso do Rock in Rio, estamos falando de tornar o mundo um lugar

---

[4] Unicórnios são *startups* – empresas que utilizam a tecnologia como base para um crescimento acelerado – que atingem valor de mercado superior a 1 bilhão de dólares.

melhor. Efetivamente e de maneira muito concreta por meio do exemplo e do impacto positivo que as ações da empresa têm na vida das pessoas e de comunidades e cidades.

Essa preocupação em fazer a diferença também encontra origem lá atrás, no exemplo seguido pelos fundadores do Rock in Rio de Abraham Medina, o patriarca da família Medina. O irmão de Roberto, Rubem, foi personagem de uma história que ajuda a entender a quão distante remonta o propósito que hoje permeia o Rock in Rio.

Nos idos da década de 1960, quando Rubem tinha 15 anos, ele foi personagem de uma inusitada ação de marketing para melhorar a cidade do Rio de Janeiro. Insatisfeito com a mesada que recebia, o então adolescente se colocou elegantemente vestido em um terno e se apresentou ao pai dizendo que gostaria de trabalhar com ele. Abraham não hesitou: deu ao filho a oportunidade de ser parte de uma campanha para manter a cidade limpa.

A ideia era vender latas de lixo para todos os comerciantes e empresários do Rio de Janeiro e limpar a cidade, que, na análise de Abraham, encontrava-se muito suja. Nasceu a campanha "Cidade Limpa é Cidade Civilizada", e Rubem, já destituído do terno, saiu às ruas para tentar vender as tais latas de lixo.

Na primeira semana, ele não vendeu uma única lata. Porém, uma ideia brilhante mudou as estratégias de vendas: ele pensou em associar essa iniciativa a grandes marcas, como a Coca-Cola. Nas três semanas seguintes, mais de 3.800 latas foram vendidas, e o legado de cuidado com a cidade começava a ser transmitido de pai para filho.

Assim como é possível inferir que tudo começou lá atrás, com o pai do Roberto, também é possível perceber que a cultura Rock in Rio se estende pelos seus sucessores. Roberta é a personificação da excelência e da responsabilidade com a cidade e o país. Rodolfo, por sua vez, é a garantia de que a força e a capacidade de execução e a resiliência, características no patriarca, vão continuar sendo representadas.

Qual é a lógica por trás de uma ação cujo intuito é tirar o lixo das ruas da cidade do Rio de Janeiro? É a mesma que permeia outras ações realizadas hoje pelo Rock in Rio: criar iniciativas que se revertam em benefício concreto para a sociedade.

Por meio da declaração que abre este capítulo é possível perceber que, desde o primeiro Rock in Rio, já havia uma intenção muito maior do que meramente realizar um festival de música. Naquela época, o elo de comunicação na primeira edição, ainda que Roberto Medina não fosse músico e não entendesse de rock, era um país cerceado de opinião, ávido por democracia. Roberto tentou colocar em seu projeto sua vontade de criar um espaço democrático, não necessariamente de ganhar dinheiro. "O Rock in Rio não nasceu como um evento oficial para gerar dinheiro, mas como um movimento. Eu queria movimentar a juventude para um outro momento."

Essa percepção ampla do propósito do Rock in Rio é primordial para compreender, por exemplo, a criação do Espaço Favela, na edição de 2019, no Brasil. Roberto Medina conta que cresceu em uma casa confortável, de um empresário, mas que jogava bola na rua com os caras da favela, subia para brincar com eles, convivia de maneira próxima. A noção de diversidade esteve presente na vida de Roberto desde a infância, fosse por intermédio dos artistas de diferentes universos musicais que frequentavam sua casa por conta das relações sociais de seu pai, fosse por causa da integração cultural que viveu pela proximidade com diferentes classes sociais, sem qualquer tipo de preconceito ou discriminação. Desde a infância, ele já percebia que quase a totalidade dos moradores da favela era formada por pessoas trabalhadoras, corretas e honestas, que queriam apenas viver em paz.

Segundo a visão de Roberto, chamar a favela de "comunidade" é uma iniciativa das classes de maior poder aquisitivo do Rio de Janeiro. Com base em sua percepção de mundo e em seu acesso a ferramentas que podem dar visibilidade e voz àqueles que não as têm, ele acredita que é preciso mostrar um outro lado da favela. Mostrar que lá existe arte e que, muitas vezes, quem mora na favela tem orgulho de fazer parte dela e é feliz. Nesse contexto, o Espaço Favela foi criado para a edição de 2019.

O Rock in Rio vai colocar 120 músicos com raízes e conexões com as favelas, recriar os botequins e, de carona, buscar mecanismos para apoiar os músicos que ali se apresentarão, incentivando-os para que sejam melhores e evoluam na carreira.

Roberto nos contou, com entusiasmo, a história de alguém que o abordou durante uma filmagem no Espaço Favela e perguntou se ele o reconhecia. Ao receber uma negativa, o desconhecido afirmou que, em 2001, estava cumprindo pena na penitenciária em que Roberto organizou um show. Ele e o empresário tiveram a oportunidade de conversar, o que mudou a vida do então detento. O homem deixou a prisão e investiu na carreira de músico.

O brilho nos olhos de Roberto ao contar essa história entrega que a percepção de fazer o bem e contribuir para a sociedade não só no discurso, mas com ações práticas, é parte intrínseca do sucesso do Rock in Rio. E é esse mesmo brilho nos olhos que se percebe quando ele fala a respeito do tamanho do impacto que o festival tem causado e do consequente legado que está sendo deixado.

UM FESTIVAL INCLUSIVO – MUITO ANTES DE INCLUSÃO VIRAR MODA

Ainda hoje é comum encontrar quem reclame do fato de que o Rock in Rio só é rock no nome, uma vez que nas últimas edições do festival se apresentaram artistas de várias vertentes musicais. Sim, isso é verdade. Porque o Rock in Rio já nasceu inclusivo e diversificado e jamais esteve preso ao gênero "rock". No entanto, devemos nos lembrar de que quem abriu a primeira edição do festival foi Ney Matogrosso, na mesma edição em que Ivan Lins se apresentou ao piano, Baby Consuelo e Pepeu Gomes chacoalharam a multidão e James Taylor com seu violão de pegada *folk* emocionou a todos. Essa é a essência do que Zé Ricardo, diretor artístico do Palco Sunset e do Espaço Favela, chama de "recorte de curadoria". Segundo ele, montar a escalação do Rock in Rio não é só colocar grandes artistas famosos no palco. A curadoria deve, obrigatoriamente, ser um retrato da sociedade e, tanto quanto possível, colocar as pessoas para pensar. Esse, sem dúvida alguma, é um dos principais papéis do Palco Sunset, por exemplo. Para o Palco Mundo, o maior do festival, são escalados os artistas de mais renome para realizarem grandes shows. Já no Sunset, existe um encontro de gêneros e de artistas com amplo espaço para experimentação. Não raro, um artista que se apresenta no palco principal retorna na edição seguinte para o Sunset, e vice-versa. E também é comum que artistas se apresentem nos dois palcos na mesma edição.

No Palco Sunset, a proposta inclusiva e multicultural do Rock in Rio se materializa de maneira mais contundente. Afinal, onde mais se poderia imaginar assistir à banda de *thrash metal* Sepultura tocando junto com Zé Ramalho? Ou Ney Matogrosso e Nação Zumbi? Quando Zé Ricardo

MONTAR A ESCALAÇÃO DO ROCK IN RIO NÃO É SÓ COLOCAR GRANDES ARTISTAS FAMOSOS NO PALCO. A CURADORIA DEVE, OBRIGATORIAMENTE, SER UM RETRATO DA SOCIEDADE E, TANTO QUANTO POSSÍVEL, COLOCAR AS PESSOAS PARA PENSAR.

fala de "colocar as pessoas para pensar", é isso que está no contexto. Encontros inusitados que proporcionam reflexões sobre as motivações ou o resultado de tais encontros. Entregar às pessoas o que elas não conhecem ou não esperam, e proporcionar mais do que elas esperam. Sem levantar bandeiras, mas abrindo espaço para essa diversidade. Nessa proposta, o grande objetivo não é, necessariamente, ter o "momento Eureka" e conectar dois artistas com muito público. Para que a música flua nesses encontros, a premissa é promover encontros humanos, unir pessoas talentosas e tirá-las de suas respectivas zonas de conforto, e proporcionar ao público uma experiência única. O mais interessante é que, ao tirar o artista de sua zona de conforto, surpreende-se a plateia. E o círculo virtuoso da experiência incrível se amplifica.

UMA RAZÃO PARA SE IMPORTAR

Um propósito tão claramente definido, associado à forma como esse propósito é materializado – ou seja, com a música, que por si só é capaz de despertar emoções variadas e criar memórias emocionais profundas –, ajuda a explicar a magia por meio da qual um núcleo compacto de 30 a 40 pessoas se transforma em um exército de 20 mil pessoas trabalhando no festival. E sem que os elementos-chave da cultura se percam pelo caminho.

Por intermédio das pessoas que compõem esse núcleo compacto, desenvolve-se esse grupo de 20 mil pessoas. Elas contratam os fornecedores, que vão contratar os terceiros, que vão contratar os quartos, que vão contratar mais gente, formando uma cadeia responsável pela entrega final. O que move e conecta todos os elos é a relação que cada um tem com o **propósito**.

Qual é o propósito e a proposta de valor esperados de cada um? Não é só entregar o que se espera. A pessoa precisa ter um nível elevado de autonomia para decidir como trabalhar para tornar excelente a experiência toda. Em alguma fase do trabalho, qualquer um da equipe do festival pode precisar tomar uma decisão. E, por mais simples que possa parecer a situação, no exato momento em que isso ocorre, sua escolha pode fazer diferença na experiência do cliente. Nessas ocasiões, a decisão tomada por um colaborador temporário pode ter um impacto tão importante quanto o gerado por decisões tomadas por pessoas dos cargos mais altos da estrutura, como o vice-presidente de operações Ricardo Acto, que é o executivo responsável por fazer o Rock in Rio acontecer a cada noite, dentro da Cidade do Rock, em seus acessos, coordenando fluxo de trânsito, entrada pelos portões, garantindo agilidade, organização, segurança e fluidez. A combinação de pessoas, processos e tecnologia se complementa, como explica Acto. O Rock in Rio precisou desenvolver processos para lidar com a complexidade de uma verdadeira cidade e decidiu desenvolver a tecnologia que coleta dados e permite gerenciar mudanças em tempo real. Se os fãs começam a formar filas, a equipe rapidamente atua para garantir o conforto deles. Essa tecnologia de Smart Cities poderá em breve ser utilizada nos municípios brasileiros, potencialmente reduzindo o trânsito e a criminalidade.

Se não houver um compartilhamento de responsabilidades, será impossível comprometer 20 mil pessoas. Tem de haver propósito. Apesar de todos conhecerem suas funções e entenderem quais são os objetivos práticos de sua área, o maior alinhamento que essa equipe pode ter é o compartilhamento da mesma missão: proporcionar experiências inesquecíveis para todos os públicos do Rock in Rio. Em outras palavras, as pessoas têm uma razão para se importar. E esse ciclo, portanto, é virtuoso.

PARCEIROS, NÃO APENAS MARCAS OU CLIENTES

Na filosofia do Rock in Rio, a ideia de entrega de experiências inesquecíveis não funciona apenas quando olhamos para o visitante dos festivais. Essa entrega se estende para todas as partes relacionadas. E, no caso dos patrocinadores do festival, isso é levado ao extremo. Não por acaso, a área responsável por cuidar das entregas que devem ser feitas para cada marca parceira deixou de se chamar diretoria de atendimento ou diretoria comercial, como tradicionalmente é conhecida nesse mercado, para ser batizada de **diretoria de parcerias**. A razão? As marcas presentes no Rock in Rio não são apenas de anunciantes ou patrocinadores, mas são percebidas como parceiras no festival. Não por acaso, nas conversas com os executivos do Rock in Rio, afirma-se o tempo todo que o sucesso do Rock in Rio também é medido pelo sucesso das marcas em obter do festival um retorno acima do que esperavam.

Essa filosofia proporciona frutos exuberantes! Por exemplo, Renata Guaraná, diretora de parcerias da empresa, conta orgulhosa que o banco Itaú é parceiro do Rock in Rio desde seu retorno definitivo ao Brasil, em 2011. É natural imaginar que isso seja fruto de um contrato de longuíssimo prazo. Mas não é o que acontece. O banco renova seu contrato de parceria a cada edição do festival e apenas depois de medir e avaliar o resultado obtido. Após essa análise, continua retornando, edição após edição. Isso é um claro sinal de que a percepção das marcas quanto ao valor que é entregue a cada uma delas é altíssima. Renata acredita que o segredo do sucesso está em outra premissa essencial do Rock in Rio: sempre se superar a cada ano. Assim, quando uma marca fecha um contrato com o Rock in Rio, mesmo que já seja uma parceira usual, sabe que a próxima edição será ainda melhor, o que gera uma espiral positiva. Não por acaso, a edição de 2019 renovou todos os cinco parceiros principais de 2017 e ainda trouxe mais duas marcas-âncora.

GERANDO VALOR PARA E COM OS PARCEIROS

Após sonhar com o Rock in Rio como um movimento que resgataria a autoestima dos jovens brasileiros e colocaria o Brasil no mapa do entretenimento mundial, Roberto Medina precisou perseguir formas de transformar sua ambiciosa ideia em algo viável, o que passaria pela identificação de uma linguagem empresarial que atraísse o interesse das marcas em investir em seu projeto.

No início de tudo, há 34 anos, não fazia sentido uma empresa investir cifras vultosas – que podiam chegar a alguns milhões de dólares – no patrocínio de um evento. Contudo, ao transformar esse evento em um terreno fértil para a construção de diálogo e criação de uma relação entre marca e público, Roberto conseguiu conquistar mais do que verbas de patrocínio; conquistou também verbas de marketing e de comunicação, criando um novo negócio não só para o seu projeto mas também para intervenientes do mercado no qual está inserido, como os grupos de mídia que, antes do Rock in Rio, não conheciam receita advinda de anunciantes atraídos pelo conteúdo de festivais.

Via de regra, em eventos e festivais tradicionais de música no mundo todo, o que acontece é que o promotor do evento ou o patrocinador fazem campanha por cerca de três meses antes de o evento acontecer. E o que comunicam tem foco nas informações práticas, como os artistas que vão tocar, preços, local, data etc.

No caso do Rock in Rio, o festival é uma plataforma de conteúdos diversos – que vão da música à responsabilidade social –, que podem ser não somente explorados pelas marcas parceiras, como, muitas vezes, criados em conjunto com elas, para que entreguem conversas com significado e de forma transversal a diferentes perfis de público. A premissa é identificar como o ecossistema Rock in Rio pode ser revertido em benefício para o parceiro de uma forma contínua, ao longo do tempo, a partir da almejada experiência do festival. É isso que cria um valor para os patrocinadores que nenhum outro festival no mundo entrega. Roberto Medina foi pioneiro na visão de criar um projeto de comunicação cujo ponto culminante da campanha fosse um evento. E até hoje, segundo a organização, baseada em sua experiência de operação da marca em quatro mercados (Brasil, Portugal, Espanha e Estados Unidos) e no conhecimento constantemente atualizado sobre o que acontece no mercado mundial, não se tem notícias de um evento que converse ininterruptamente com o público por, no mímino, doze meses, com geração de conteúdos que vão desde a interação nas redes sociais, passando pelas coletivas de imprensa, convocatórias em prol da construção de um mundo melhor, e por uma campanha publicitária com dezenas de filmes de televisão, até centenas de *spots* de rádio e de anúncios impressos e cidades tomadas por mobiliário urbano e ações de rua.

A capacidade de gerar conversas sobre temas variados permite um diálogo muito mais amplo e duradouro com o público e, consequentemente, torna-se um ativo valioso para os parceiros do Rock in Rio. Permite prolongar o tempo da comunicação e criar uma relação entre público e marcas por meio da narrativa do festival, fazendo com que os parceiros possam aproveitar de forma muito mais efetiva a sua associação ao Rock in Rio.

MODELO "PLATAFORMA" COMO MEIO PARA CUMPRIMENTO DA MISSÃO

Na época da criação do primeiro Rock in Rio, o meio para a construção do movimento sonhado por Roberto Medina foi a música. E, se analisarmos a história, fazia todo sentido que fosse assim. Além de a música ter grande força unificadora, na década de 1980, por exemplo, o mundo vivia o auge da indústria fonográfica. As grandes gravadoras eram poderosíssimas, e, portanto, utilizar a música como plataforma para um festival de experiências era um caminho quase natural. Ao longo do tempo, essa perspectiva evoluiu para algo grandioso, incorporando novas experiências, novos temas e novas possibilidades. A música sempre terá um papel determinante, especialmente quando se trata de entretenimento ao vivo. No entanto, os grandes nomes da música, capazes de lotar estádios e grandes shows, estão cada vez mais escassos. Assim, investir na criação de novos conteúdos passa a ser determinante para a longevidade do modelo de negócios.

Hoje, por exemplo, a indústria de jogos segue o caminho que a música percorria na década de 1980. E, da mesma maneira que o Rock in Rio conseguiu criar um ecossistema muito maior do que *apenas* um show do Queen, ele está criando, agora, um ecossistema que é muito maior do que uma final de campeonato de League of Legends. A partir do conhecimento acumulado ao longo dos anos sobre como criar uma plataforma de experiências, a ideia é usar a mesma metodologia e o mesmo propósito para fazer o raio cair novamente, mas dessa vez em outra indústria.

A lógica é simples. É possível que um pai de 40 anos tente fugir com todas as suas forças do show do Justin Timberlake que a filha de 16 anos tanto deseja ver. Mas ir ao Rock in Rio com a filha e poder desfrutar de um conjunto de experiências que colocam o show do rapaz estadunidense em segundo plano é mais do que tolerável. É agradável. Por isso que 100 mil pessoas por noite visitam o Rock in Rio no Brasil.

No mundo dos games, funciona da mesma forma. Sair de casa para assistir a uma final de League of Legends é algo para aficionados. Entretanto, levar o filho para assistir à final do seu e-sport preferido e poder, enquanto isso, vivenciar uma série de experiências dentro da mesma plataforma amplia significativamente o impacto que as marcas parceiras podem gerar e enriquece a comunicação com o público potencial.

Quando se cria o conceito de um *game park*, há uma pista de *kart* ou uma área de inovação no mesmo evento da final do League of Legends. Com isso, se estabelece a plataforma de experiências, e aí um evento de nicho se torna o suficiente para ser *mainstream*. A partir de então, embora a final do jogo seja uma grande atração, sendo transmitida ao vivo na maior tela do mundo, a experiência se torna muito mais ampla, agradando não só o aficionado mas também os interesses de uma gama de público muito mais ampla.

É por isso que a missão do Rock in Rio não se limita apenas à associação direta com a música. Ela está atrelada à oferta de experiências únicas por meio da música e do entretenimento. Até é possível vislumbrar um futuro em que o Rock in Rio, eventualmente, funcione sem o Palco Mundo, no qual se apresentam os artistas internacionais mais conhecidos.

LIÇÕES DO ROCK:
COLOQUE EM PRÁTICA

- O propósito de uma empresa deve ser algo mais concreto e factível do que apenas "melhorar o mundo". Deve ser claro o suficiente para gerar engajamento a partir da compreensão e deve ser amplo e ousado a ponto de inspirar. E, claro, é imprescindível que seja possível tornar tangível a sua realização.

- O propósito deve falar ao coração e à mente de todos os colaboradores. A conexão intelectual é importante, porque ela deve fazer sentido. Contudo, ainda mais importante é a conexão emocional. Todo ser humano precisa de uma conexão com algo maior, que dê significado àquilo que fazemos. No mundo empresarial, é o propósito. Pessoas que trabalham sem propósito trocam tempo por dinheiro. É impossível criar uma empresa extraordinária com um exército de pessoas que se dedicam apenas a trocar o próprio tempo por alguma remuneração ao final do mês. Empresas com resultados expressivos são feitas por pessoas que têm uma motivação forte para sair da cama todos os dias e fazer o que deve ser feito.

- Não adianta ter um propósito que fique restrito às paredes do escritório ou que só seja percebido por uma parcela das partes interessadas. O caso do Rock in Rio é emblemático, pois nele a força de um propósito é ampla o suficiente para ser sentida e percebida em todo o ecossistema da marca. Atinge os colaboradores, o público e os parceiros. Cada um tem clareza quanto àquilo que recebe e consegue enxergar a conexão dessa entrega com o motivo maior do Rock in Rio.

- Quando o propósito é forte e amplo o suficiente, em termos do seu impacto potencial, ele permite que a empresa o leve para outros segmentos de negócio, ou mesmo para outros mercados, que podem ser muito diferentes do original. Isso amplia a possibilidade de legado e é o que faz empresas como a Disney – ou o Rock in Rio – serem admiradas e reverenciadas, contando não só com clientes e fornecedores, mas com fãs e divulgadores da marca.

A ARTE DE SONHAR E FAZER ACONTECER

7

A ARTE DE SONHAR E FAZER ACONTECER

UM ROCK IN RIO AMBIDESTRO

Como quase tudo na vida, os modelos de gestão parecem vir em ondas. A humanidade viveu, ao longo do século passado e das primeiras décadas deste século, várias fases em que os acadêmicos do campo da administração criaram teorias mirabolantes para tentar explicar o sucesso das organizações capazes de construir resultados extraordinários. Desde os primórdios, com Frederick Taylor (1856-1915) e Jules Henri Fayol (1841-1925) preconizando o controle de tempos e movimentos, passando por eras ensandecidas – alguém aí se lembra da moda da reengenharia, em que executivos e empreendedores eram instados a jogar tudo fora e recriar do zero, em que muita gente embarcou e o resultado foi uma quebradeira sem precedentes? –, até os tempos atuais, em que a ordem do dia é inovação, não param de surgir novas teorias que dominam as conversas e a mentalidade do mundo organizacional.

Mas não no Rock in Rio.

Desde o primeiro festival encabeçado por Roberto Medina e sua trupe de apaixonados, o Rock in Rio se especializou em ser uma organização ambidestra, blindada contra os modismos e as ondas de gestão, procurando fazer o simples e o lógico da melhor maneira possível. O curioso é que essa escolha pelo caminho da ambidestria foi totalmente empírica, já que o conceito surgiu pela primeira vez em um artigo de Michael Tushman e Charles O'Reilly III publicado na *California Management Review*[5] em 2011. Portanto, muito depois do nascimento do Rock in Rio. Ainda assim, já em sua origem, o Rock in Rio sempre se posicionou como uma organização dotada das características descritas por Tushman e O'Reilly.

A ideia central desse tipo de organização é que, para enfrentar tempos de mudanças aceleradas e de pressões elevadas no cenário competitivo, a empresa deve aprender a conciliar a capacidade de ser exímia na arte de explorar os mercados nos quais já atua, ao mesmo tempo que incorpora habilidades para prospectar novos mercados. De um lado, usando iniciativas com elevado grau de inovação em processos existentes. De outro, inovando modelos de negócios e buscando novos mercados e oportunidades. Ou seja, inovações incrementais e também disruptivas.

Essa tem sido, ao longo do tempo, a síntese da história do Rock in Rio quanto à sua estratégia de gestão: de um lado, uma capacidade de execução primorosa, embasada por processos claros, métodos e manuais que garantem o aprendizado constante, com disciplina máxima no cumprimento de prazos e no rigor das entregas. De outro, a capacidade de se reinventar de forma permanente, de trabalhar com a ideia fixa de que a melhor edição de cada festival sempre será a próxima, de criar mais e melhores experiências para o público a cada ano e de transpor as premissas de uma plataforma criada em torno da música para outros setores ou segmentos, de onde saíram eventos como a Game XP ou o foco recente em *learning experience*.

Como isso é possível? É disso que trata este capítulo.

---

[5] O'REILLY III, Charles A.; TUSHMAN, Michael L. Organizational Ambidexterity in Action: How Managers Explore and Exploit. University of California, Berkeley, v. 53, n. 4, p. 5, nov. 2011. Disponível em: https://www.hbs.edu/faculty/conferences/2015-strategy-research/Documents/Organizational%20Ambidexterity%20in%20Action.pdf. Acesso em: 22 ago. 2019.

ESTRUTURA FUNCIONAL E MODELO ORGANIZACIONAL

O ponto de partida é a crença de que a força está nas pessoas. Todos devem ter voz, espaço e possibilidade de contribuir. Se a premissa que se baseia no fato de que todos estão imbuídos da cultura e do propósito do Rock in Rio é verdadeira, não faz sentido amarrar quem faz acontecer em uma estrutura rígida, repleta de níveis organizacionais que servem apenas para tirar a velocidade das decisões e criar estruturas de comando e controle que mais se adéquam a exércitos em tempos de guerra.

Empresas convencionais, com estruturas baseadas nos modelos criados na era industrial, tipicamente englobam vários níveis hierárquicos. O Rock in Rio, desde sempre, tem no máximo três níveis entre o CEO e quem faz a ponte com o batalhão de 20 mil pessoas que trabalha em cada edição do festival. A parte mais importante dessa equação é ter as pessoas certas nos lugares certos. A política é a de portas abertas em tempo integral, o que dá a todos liberdade para questionar e serem acolhidos em debates produtivos e sem prejulgamentos.

A estruturação é totalmente funcional, e não hierárquica. Ocupar o cargo de CEO é apenas uma função. Em uma analogia com o mundo do futebol, o atacante não é mais importante do que o zagueiro. No Rock in Rio, o CEO não é mais importante do que as pessoas envolvidas diretamente na operação (algo que, por sinal, o próprio CEO faz com inacreditável frequência). O conceito é de que todos que atuam no Rock in Rio constituem um time igualmente responsável pela entrega do resultado. Nesse contexto, o principal papel do CEO é criar condições para que cada um possa fazer o seu show acontecer.

O fato de o Rock in Rio ser uma empresa organizada em torno da criatividade e de ideias que muitas vezes são mirabolantes faz com que a empresa precise ter uma estrutura extremamente profissional. As famosas reuniões de ideias não têm limites para aquilo que se imagina, mas também existe toda uma cultura de indicadores de gestão e de inteligência apoiada em dados que orienta as decisões. Ainda assim, os indicadores se concentram em medir o que é realmente importante para o modelo de negócio da empresa.

O Rock in Rio usa a metodologia criada pela Intel e aperfeiçoada pelo Google, denominada Objectives and Key Results (OKR ou objetivos e resultados-chave). Quase todos os OKR estão alinhados, a princípio, com a geração de experiências impactantes. Um exemplo hipotético: se for definido que um dos objetivos é fazer com que 40% das pessoas retornem ao Rock in Rio não pelas bandas, mas pela experiência, todas as políticas – recursos humanos, planejamento, remuneração etc. – serão criadas a partir disso.

A seleção dos artistas e a montagem dos palcos, embora também envolvam altas doses de criatividade, são embasadas em um elevadíssimo nível de profissionalismo e em muita ciência. Cada palco tem um objetivo específico dentro da proposta de comunicação do evento.

Em 2019, Luis Justo acumulou, com o papel do CEO, a responsabilidade de contribuir com Roberto Medina na curadoria do Palco Mundo, cujo objetivo é ser o palco *mainstream*. Em outras palavras, é o que vai gerar o maior barulho e ocupar espaço mais relevante na mídia e no imaginário das pessoas. Qual é a filosofia no processo de escolha dos artistas que se apresentarão ali? Pesquisa de mercado, volume de acessos em plataformas de *streaming*, mídias sociais etc. Ou seja, um processo quase científico de curadoria baseada em *mainstream*. Além do cuidado que a organização do festival tem em salvaguardar a qualidade musical e a capacidade performática, a audiência do artista é também fator determinante para a sua escalação no Palco Mundo.

A PARTE MAIS IMPORTANTE DESSA EQUAÇÃO É TER AS PESSOAS CERTAS NOS LUGARES CERTOS. A POLÍTICA É A DE PORTAS ABERTAS EM TEMPO INTEGRAL, O QUE DÁ A TODOS LIBERDADE PARA QUESTIONAR E SEREM ACOLHIDOS EM DEBATES PRODUTIVOS E SEM PREJULGAMENTOS.

Nessa linha, por mais que os responsáveis pela curadoria de um palco relevante como o Mundo tenham seus gostos pessoais, o que determina as escolhas ali não tem nada a ver com o gosto individual de uma ou outra pessoa. Tem a ver com a dimensão do artista. É por isso que, além dos aspectos mais objetivos, como audiência em plataformas de *streaming*, existe uma percepção mais empírica, que é necessária. Trata-se da relevância institucional do nome em análise.

Na edição de 2019, não é razoável acreditar que uma banda como o Scorpions esteja exatamente entre as mais ouvidas em plataformas como o Spotify ou o Deezer. Mas a relevância da banda faz sentido. Ela tem história, uma profunda conexão com a edição de 1985, uma legião de fãs fiéis e um espaço no templo sagrado dos deuses do rock. Muita gente pode até não gostar de Scorpions, mas não vai discutir se a banda tem ou não importância na história da música.

Já em um palco como o Sunset, o objetivo e, portanto, a lógica de curadoria são completamente diferentes. Lá também se apresentam artistas que estão no *mainstream*, mas a prioridade é realizar encontros únicos que não aconteceriam em nenhum outro lugar do planeta. Ali, o principal critério não é a popularidade, mas a possibilidade de criar momentos épicos na história da música. Você acha que em outro lugar da Terra seria possível assistir a Zé Ramalho e Sepultura dividindo o mesmo palco?

No palco da Rock Street Asia, a experiência conecta-se a um olhar cultural. E aí a relevância da banda em seu país de origem não tem a menor importância, desde que ela promova uma *performance* ao vivo que seja inesquecível. A bússola, no final do dia, sempre procura apontar na direção de se criar a experiência mais memorável.

A curadoria também utiliza muito de *storytelling*, as famosas técnicas para contar uma boa história, criando personagens e narrativas que facilitem a compreensão e criem gatilhos para um nível de engajamento elevado. Isso ajuda a conciliar a visão do negócio com a percepção dos criativos. Uma narrativa bem-feita é fundamental para ajudar a criar a melhor experiência. Os artistas podem ser extraordinários, mas eles, obrigatoriamente, devem estar no contexto da história. O New Dance Order poderia ser apenas o palco de música eletrônica da edição de 2019. Entretanto, uma história no entorno, com cinegrafia e elementos que dão consistência a essa narrativa, faz com que aquele que se apresenta não seja apenas o artista, mas um personagem desse enredo. É por isso que bandas como Bon Jovi e Iron Maiden, ao subirem no palco do Rock in Rio, são ainda mais grandiosas. Porque é com elas que tudo se encaixa e a plateia vive o tão esperado final feliz.

CRIATIVOS *VERSUS* REALIZADORES

As discussões sobre melhorias nunca são sigilosas, organizadas de maneira estanque com acesso limitado. Nos seis meses que antecedem o festival, a cada quinze dias, acontece a reunião executiva que é parte dos rituais do Rock in Rio. Nessa reunião, estão à mesa o CEO e a diretoria, com todas as áreas representadas, para um processo de revisitar todo o projeto de modo que todos saibam tudo o que está acontecendo. Cria-se, então, uma perspectiva de cumplicidade e corresponsabilidade pelo resultado. O que seria impossível se o pessoal de produção resolvesse sozinho seus problemas, se a turma das parcerias se fechasse no seu casulo e se o único ponto de supervisão fosse o CEO em uma sala isolada.

Ao final dessas reuniões, é costume todos almoçarem juntos e realizarem um pequeno ritual de celebração das vitórias obtidas até ali. Sim, os rituais são importantes.

O processo de planejamento e execução é estruturado em etapas. O início é o ciclo de ideias, e nesse momento tudo é permitido – divergir, mudar de rumo no projeto, trazer novas sugestões, por exemplo. Contudo, a partir de um dia definido pela equipe, a decisão simplesmente tem de acontecer, afinal, o evento tem hora e data para abrir as portas, e essa data é inegociável. Nesse ponto, a janela de ideação se fecha por conta da pressão do prazo para que o festival aconteça.

Então, o ciclo de execução se inicia. Nessa fase ainda é possível fazer o que o Rock in Rio chama de refinamento de conceito. Porém, uma vez encerrado o planejamento, é hora do ciclo de entrega. Daí em diante, qualquer nova ideia será guardada para ser usada nas edições subsequentes.

Para conciliar as mentes criativas com os "tratores" da execução, é absolutamente necessário um período de exploração de possibilidades sem qualquer tipo de restrição, e um período subsequente, em que seja feita a aterrisagem. Os prazos para que isso aconteça variam em função dos diferentes projetos em curso. Todavia, o prazo para as ideias e o prazo para a execução estão sempre claramente delimitados. Talvez aí esteja o grande segredo da ambidestria do Rock in Rio.

CRIATIVIDADE *VERSUS* PROCESSOS

É clara a consciência de que a única forma de escalar o Rock in Rio é conciliando a criatividade inerente com a existência de processos bem estruturados. A empresa dedica extrema atenção em recolher e consolidar os aprendizados de cada edição do festival, algo intrinsecamente conectado à visão já citada de que o melhor Rock in Rio é sempre o próximo.

Esse é o papel do "*playbook* do festival", um manual que detalha tudo o que a organização sabe a respeito de preparar um festival ímpar. O grande desafio é que, a cada edição realizada, cria-se um festival completamente novo. Como consequência, parte do *playbook* se torna desatualizada. A partir daí, surge a necessidade de revisitar o manual e cria-se a possibilidade de que o próximo festival seja surpreendente de novo.

É essa mesma estratégia de evolução e aprendizado permanente que viabiliza a entrada em novos mercados de uma maneira muito menos traumática como seria se fossem iniciativas levadas adiante partidas do zero. Quando o Rock in Rio coloca sob sua alça de mira um mercado em que ainda não atua, procura identificar um parceiro que entenda a realidade local e que seja responsável pelo básico da operação. Sempre se tem como base todo o conjunto de boas práticas amplamente documentado, tais como o histórico de realização, a estrutura da equipe, a estrutura financeira e a gestão da reputação da marca Rock in Rio. E, além disso, a coordenação direta fica nas mãos de pessoas do time que já têm experiência em edições anteriores.

Realizar cada edição, à medida que a data do festival se aproxima, também é cumprir rituais importantes. Por exemplo, quinzenalmente ocorre a reunião em que se faz um apanhado geral do que está acontecendo, para todas as áreas, com duração de duas a três horas. O intuito é manter tudo alinhado e a equipe na mesma página. Mesmo que o debate não envolva a área de um determinado grupo, ninguém pode faltar. É fundamental que uns conheçam as dores dos outros. E que também estejam informados o suficiente para que possam identificar sinergias entre áreas e criar novas oportunidades para o negócio.

Expressões como *big data* e *analytics*[6] também entraram para as discussões do Rock in Rio. E é fácil entender o motivo. A partir do momento em que há uma legião de fãs conectados com a marca, estabelecendo um relacionamento que quase sempre é duradouro, já existe a percepção de que dados são gerados como fruto do relacionamento. Em um futuro próximo, esse conhecimento a respeito de comportamento, hábitos e preferências pode ter muito valor para a companhia.

Hoje, já há uma montanha de dados sobre o público administrada pelo Rock in Rio. Quem compra o ingresso? Quem se associa ao Rock in Rio Club? Como navega no site? Qual é o fluxo na Cidade do Rock? O que o público consome? Como ele reage a cada experiência?

DA VISÃO À AÇÃO

Em tempos de *startups* disruptivas, o que gera valor de fato é a capacidade de executar, de entregar aquilo que se idealiza, e esse é o ponto em que a maioria falha. Não se faz um grande negócio apenas com ideias. Se faz com pessoas capazes de mobilizar o que for necessário, de criar as estratégias apropriadas e de elaborar uma máquina de execução que gere valor de forma contínua.

Analisando a história do Rock in Rio, a capacidade de execução tem sido a pedra fundamental na qual o seu sucesso foi alicerçado. Imagine por um instante a complexidade de executar um evento que reúna, no caso do Rock in Rio Brasil, 100 mil pessoas por noite. Na prática, no Brasil, é um novo evento a cada noite ao longo de dez dias, com um breve intervalo de

---

[6] *Big data* e *analytics* são expressões utilizadas para descrever a possibilidade de uma empresa utilizar ferramentas de *software* para análise de grandes massas de dados (*big data*) e, a partir disso, realizar análises e projeções que auxiliem no processo decisório (*analytics*).

três dias (do festival), mas com a realização da formação executiva Rock in Rio Academy no meio desse "intervalo". No caso de Portugal, são nove dias sem interrupção, dos quais em quatro dias é realizado o festival, em outros quatro, o Rock in Rio Innovation Week, e em outro, o Rock in Rio Academy. E imagine ter de assegurar a entrega de uma experiência única para cada uma dessas pessoas, com um público absolutamente diverso e imprevistos, como o cancelamento do show da Lady Gaga em 2017, 48 horas antes da hora prevista para a sua apresentação. Além disso, existe a necessidade de demonstrar o valor criado não apenas para os visitantes, mas para as marcas parceiras, administrando toda a logística, a segurança, a cobertura da imprensa mundial, e ainda ter de fazer funcionar um showzinho de drones, torcendo para que o vento esteja dentro dos limites do razoável e para que o voo possa acontecer.

Imaginou? Pois é. Dá para ver que a capacidade de mobilização e realização do Rock in Rio é uma das suas virtudes mais destacadas. Mas não por acaso.

O Rock in Rio é uma usina de histórias contadas a respeito dos feitos da família Medina em eras anteriores ao festival. Essas narrativas são capazes de ilustrar com propriedade as raízes que deram origem aos frutos colhidos hoje. Uma delas fala sobre fazer o impossível e tornar o improvável realidade.

Era uma vez um jovem publicitário de 20 anos de idade chamado Roberto Medina, em uma jovem empresa chamada Artplan. Um cliente da agência do ramo imobiliário lançou um novo empreendimento, de frente para a lagoa Rodrigo de Freitas, no Rio de Janeiro. Roberto queria convencer o mercado acostumado a anunciar imóveis em jornal e rádio de que a televisão era o futuro. Percebia que a grande sacada era vender emoção, e a televisão seria o canal para tornar isso realidade.

O ROCK IN RIO É UMA USINA DE HISTÓRIAS CONTADAS A RESPEITO DOS FEITOS DA FAMÍLIA MEDINA EM ERAS ANTERIORES AO FESTIVAL. ESSAS NARRATIVAS SÃO CAPAZES DE ILUSTRAR COM PROPRIEDADE AS RAÍZES QUE DERAM ORIGEM AOS FRUTOS COLHIDOS HOJE. UMA DELAS FALA SOBRE FAZER O IMPOSSÍVEL E TORNAR O IMPROVÁVEL REALIDADE.

Munido da certeza de que esse era o caminho para o futuro, Roberto foi ao cliente e tentou convencê-lo de que valia a pena investir em anúncios para televisão, mas não obteve sucesso. Inconformado com os "nãos", Roberto reuniu os oito funcionários que a empresa tinha até então e mobilizou o time para que eles próprios criassem um anúncio para a tevê. A ideia de Roberto era fazer um apartamento flutuando na Lagoa, o melhor marketing possível para um edifício situado em frente a um dos cartões-postais do Rio de Janeiro.

Mas como fazer isso acontecer? Deveriam fazer o que fosse necessário.

Ele juntou tapetes, flutuadores, móveis e tudo o mais que era preciso percorrendo um número indefinido de lojas que, por alguma razão mágica, concordaram em conceder esses itens por empréstimo. Claro, para filmar um apartamento flutuando na Lagoa, teriam de obter imagens aéreas e, portanto, um helicóptero. De novo, Roberto conseguiu.

No dia marcado para a filmagem, ele estava na Lagoa às 6 horas da manhã. Havia muita tensão no ar, já que esse era o primeiro comercial que ele fazia e supervisionava diretamente. Até então, ele havia atuado nas áreas de atendimento e redação da agência. Levaram o "apartamento" para o meio da Lagoa e, aí, surgiu o inusitado. Despencou um temporal, e ninguém da agência apareceu. Ficaram apenas ele e um monte de móveis e objetos emprestados pelas lojas destruídos pelo aguaceiro.

Desolado, no dia seguinte, Roberto começou a saga por cada uma das empresas que havia feito os empréstimos para a filmagem. Pediu desculpas e disse que encontraria uma forma de pagar por tudo. Mais uma vez, por alguma razão, as empresas se compadeceram e perdoaram a dívida.

Com o problema dos móveis resolvido, Roberto retornou à agência e pediu demissão. Na sua visão, as pessoas com as quais estava trabalhando não eram parceiras. Para ele, deixar alguém sozinho no meio da tragédia não era uma atitude esperada dos que estavam no mesmo barco. A impressão que tinha era de que somente ele enxergava o futuro, enquanto os outros na agência só tinham olhos para o presente.

No dia seguinte, montaram todo o aparato na Lagoa novamente sem que ele soubesse, buscaram Roberto em casa e fizeram as filmagens. Quando o filme ficou pronto, ele foi ao cliente e mostrou a peça. A receptividade não foi a esperada. O cliente se recusou a colocar dinheiro para veicular o anúncio e Medina ainda ganhou fama de insistente.

Mais uma vez, ele não desistiu. Foi então à Globo com o anúncio para mostrar. A reação de um dos diretores foi de entusiasmo. Até que enfim o mercado imobiliário havia acordado para a importância da televisão. No entanto, Roberto esclareceu que nem tudo havia mudado, relatando em seguida a sua saga com aquele anúncio. E, em um movimento cirúrgico, preparou o xeque-mate: "Se vocês acreditam em televisão como eu acredito, se acreditam que é fundamental que um mercado de 30 milhões de dólares como esse esteja na televisão, e se hoje não tem um único desses dólares entrando no caixa de vocês, então ponham o comercial no ar de graça".

O diretor aceitou a oferta, o anúncio foi veiculado, a repercussão foi avassaladora, filas de compradores correram para a construtora, e o empreendimento foi inteiramente vendido em tempo recorde. No final das contas, a televisão efetivamente alcançou aquele mercado de 30 milhões de dólares, a construtora multiplicou seu negócio e Roberto Medina criou uma lenda a respeito de como tornar o impossível realidade. Começava então a plantar as raízes de uma cultura de liderança que viria a marcar todos os seus projetos e ser determinante para moldar a capacidade do time do Rock in Rio de fazer acontecer aquilo em que se acredita.

LIÇÕES DO ROCK:
COLOQUE EM PRÁTICA

- A estrutura organizacional de qualquer empresa só faz sentido até o ponto em que ela contribui para a sua missão e seu propósito. Estruturas complexas retratadas em organogramas são herança de um tempo em que a dinâmica era outra, e o mundo, muito menos veloz. A forma de organizar uma empresa deve basear-se na necessidade de velocidade do fluxo de informações e na tomada de decisão. Estruturas leves e ágeis criam organizações que funcionam com velocidade. Estruturas pesadas e altamente hierárquicas criam elefantes pesados que encontram uma enorme dificuldade para se mover.

- A ideia de criar uma organização ambidestra é, talvez, uma das formas mais inteligentes de assegurar que empresas de qualquer porte ou setor possam navegar no mar de instabilidade e transformação dos tempos em que vivemos. É preciso que, para assegurar a *performance* nos mercados em que a empresa já atua, se criem as condições para que inovações sucessivas possam acontecer no nível dos processos que a empresa já executa. Isso é o que assegura níveis ótimos de competitividade. No entanto, a empresa também não pode abrir mão de buscar inovação em terrenos inexplorados, olhando para novos mercados, novos segmentos de clientes e novas oportunidades e buscando criar a próxima disrupção. Conciliar esses dois perfis em uma mesma empresa pode parecer uma tarefa difícil; contudo, a história do Rock in Rio mostra que não é.

- A excelência é um hábito e obtê-lo requer disciplina. Por mais que a empresa tenha como um de seus pilares a criatividade, seu crescimento passa pela prática de registrar aprendizados e realizar rituais que permitam aprender sempre com o que foi documentado, mantendo anotado tudo o que possa ser relevante para os próximos passos.
- Uma das maiores fontes de valor para qualquer organização são os dados a respeito de seus clientes e de seus comportamentos e hábitos de consumo. Cada interação que você realiza é uma oportunidade de aprender. No futuro, possivelmente, sua maior fonte de valor será o aprendizado obtido ao longo dos anos com a base de consumidores. Isso fará com que os negócios aconteçam de uma maneira mais estruturada e com maior grau de acerto, exatamente tendo como premissa a possibilidade de trabalhar com base em dados e com ferramentas altamente sofisticadas e de baixo custo. Não desperdice uma única oportunidade de aprender com os seus clientes atuais.
- A principal dificuldade em transformar sonhos em realidade está no fato de que, quanto mais ousados são os sonhos, mais descrédito se lançará sobre eles.

E, consequentemente, mais difícil será encontrar o caminho para tirá-los do campo das ideias. A arte de sonhar e fazer acontecer tem como base empreendedores e empreendedoras que simplesmente não conseguem ouvir um "não" como resposta e são capazes de tirar energia e motivação da adversidade. Mobilizam o que for necessário. Buscam os parceiros que acreditam na ideia, estejam eles onde estiverem. Isso só é possível quando tudo é posto em movimento por pessoas apaixonadas pelas ideias, fascinadas pela perspectiva do resultado final e munidas de elevadíssimas doses de resiliência e criatividade.

8

A CULTURA ROCK IN RIO COMO DIFERENCIAL COMPETITIVO

8

A CULTURA ROCK IN RIO COMO DIFERENCIAL COMPETITIVO

CULTURA EMPRESARIAL *VERSUS* CAPACIDADE DE REALIZAR

O que o Rock in Rio conseguiu, ao longo dos anos, foi consolidar um modelo que, com maestria, possibilita a realização de desafios, sejam quais forem, colocados à mesa por seu criador ou pela usina de ideias que ele construiu ao seu redor. Contudo, chegar a esse patamar não é tarefa fácil nem instantânea. E é aqui que a cultura do Rock in Rio e das empresas ligadas ao grupo constitui uma das peças-chave para entender como a mágica acontece.

Por muito tempo, aspectos relacionados à cultura empresarial foram relegados a um tema de segunda classe em escolas de negócios e entre as prioridades da maioria das empresas. A própria associação da palavra "empresarial" ao tema "cultura" passou a ser aceita em tempos mais recentes. Quando corporações falavam em "criação de diferencial competitivo", o que vinha à cabeça era a ideia de que tecnologia era o caminho mais rápido para obter tais diferenciais.

Entretanto, com a evolução da lei de Moore, que tornou essa mesma tecnologia cada vez mais barata, acessível e disponível, o que podia ser adquirido e utilizado por uma empresa também estava à disposição de todos os competidores. O sistema ultrainovador que agregava as melhores práticas aos processos vigentes era o mesmo que os concorrentes também podiam comprar e implementar: uma mera coleção de "melhores práticas" igualmente disponíveis a todos os competidores.

A partir da nova realidade, cada vez mais consolidada, evoluiu a percepção de que só há, hoje, uma única fonte de vantagem competitiva sustentável ao longo do tempo, que é a cultura empresarial. Ela é a única coisa que não pode ser copiada. Afinal, o que forma uma cultura – que é o conjunto de regras, comportamentos e atitudes, não necessariamente escritos, que orientam as escolhas e posturas de uma organização – é o grupo de pessoas que faz parte dela e, ao mesmo tempo, a molda.

Se você perguntar a um executivo do Google como ele recruta pessoas para o seu time, você ouvirá como resposta que a coisa mais importante não é a formação ou a experiência do candidato, mas, sim, o seu nível de *Googleness*. E o que é *Googleness*? Em termos práticos, nem ele saberá explicar, mas seguramente conseguirá identificar quando essa característica estiver presente em algum candidato. *Googleness* é o grau de aderência do profissional à cultura do Google. É assim que empresas extraordinárias multiplicam exponencialmente sua capacidade de gerar valor. E com o Rock in Rio isso não foi diferente.

VALOR, EXPERIÊNCIA E PERFEIÇÃO

Desde a criação do Rock in Rio, o modelo da cultura perpetuada na empresa tem nome e sobrenome: Roberto Medina. O foco do fundador na criação de valor para seus parceiros (lembrando que, na linguagem do Rock in Rio, os parceiros são as marcas que escolhem a plataforma do Rock in Rio para se comunicar com seu público), a preocupação com o desenvolvimento de uma experiência que seja inesquecível para esses parceiros e para o público e a obsessão pela perfeição em toda e qualquer ação realizada no âmbito do Rock in Rio deram o tom para aquele que é o principal diferencial competitivo da empresa.

A seleção de artistas está sensacional, os ingressos estão esgotados, os parceiros estão juntos. Para a maioria das pessoas, portanto, está tudo como deveria ser. Mas não para Roberto. Trata-se de uma luta constante pela excelência. E isso só se atinge com obstinação. Além, é claro, de alguns rituais.

Por exemplo, todos na empresa sabem que o Rock in Rio não cabe em um conjunto de slides de PowerPoint. Trata-se do maior projeto de música e entretenimento do mundo, e é assim que ele deve ser transmitido – com apresentações e reuniões à altura. Essa é a razão pela qual, em nenhuma hipótese, uma apresentação a um potencial parceiro seja feita a distância ou com um e-mail que leve slides anexos. Sempre presencialmente. Sempre criando o melhor impacto possível.

Se analisássemos friamente a busca por tantas experiências novas a cada ano, possivelmente ficaria claro que, talvez, elas não fossem assim tão necessárias em um ambiente já repleto de estímulos e atrações incríveis. No entanto, se a ideia é sempre entregar o excelente, é o compromisso com a experiência incrível que baliza qualquer decisão.

Não é gestão, é paixão.

Segundo os executivos do "núcleo compacto" do Rock in Rio, Roberto Medina vive o festival em tempo integral. Ele se envolve em todos os aspectos do festival, é onipresente, porque acredita que não há detalhe insignificante quando o compromisso é a entrega inesquecível.

De certa forma, cria-se uma espécie de desajuste no fluxo de comunicação interna. Para ele, o que importa é que a ideia ou a solução sejam implementadas com a maior agilidade possível. E para Roberto – que se comunica horizontalmente com todos os seus funcionários – a ação está à frente de qualquer organograma ou fluxograma. O mais incrível é que, quando perguntados se isso é um problema, seus executivos afirmam categoricamente que não. Porque é essa paixão e essa obsessão com a perfeição que contagiam a todos. É a alma do Rock in Rio.

Roberto é visto como um treinador de salto em altura cuja principal função é, sempre, colocar o sarrafo mais e mais alto e não deixar o atleta se acomodar com o salto anterior. Isso, porém, só é possível por meio da coerência entre o que ele fala e faz. Isso assegura que todos acreditem nele e em sua capacidade de liderar.

Outro traço peculiar da personalidade e da visão de Roberto Medina é que, décadas antes do surgimento de qualquer tipo de rede social, a forma como suas criações eram concebidas estava em total sintonia com o que hoje os gurus de marketing digital assumem como verdade absoluta. Nas palavras do próprio Roberto, "a rede social é exatamente o que a gente fazia na pracinha, distribuindo folheto, só que em escala gigante". Da mesma fonte vem a sua percepção de que ter 1 bilhão de pessoas olhando para o que você faz não significa absolutamente nada. O valor está na interação. "Eu não ligo para a quantidade de pessoas que está olhando aquela informação, naquele segundo. Quando aquilo gera uma conversa ou uma interação, aí, sim, isso me importa", declara Roberto.

Para ele, o fato de o nosso país estar passando por problemas políticos e econômicos, principalmente na época da concepção e da realização do primeiro Rock in Rio, foi uma oportunidade de aprender a construir novas soluções com criatividade. E as inovações que se sucederam, edição após edição, têm origem em uma inquietude de não aceitar, de forma alguma, o que está no jogo. Inquietude para encontrar novas portas e abri-las.

Aliás, a própria ideia de um festival de música com "rock" no nome veio como consequência de um desejo maior de ver uma "atitude transformadora" ganhar espaço e força. O Rock in Rio saiu da cabeça de alguém que declaradamente não entendia nada de rock e teve de aprender para concretizar seu sonho. Não entendia nada de rock'n'roll, mas sempre entendeu tudo sobre a atitude de fazer acontecer o que deseja.

A CIDADE DO ROCK

A Cidade do Rock é um pilar fundamental na cultura do Rock in Rio. Ela permite a entrega do nível de experiência esperado. É lá que as coisas mais incríveis são entregues aos visitantes. É lá que as visões e as inovações imaginadas por toda a equipe são materializadas. É lá que as marcas e os parceiros se integram de forma indivisível à toda a experiência, estabelecendo o diálogo almejado com quem vai ao festival. Não é por acaso que os banheiros químicos foram extintos há tempos e que, há várias edições, os banheiros são todos conectados à rede de esgoto. Usar um banheiro químico, por mais limpo que possa estar, não é exatamente a experiência mais legal do mundo. Então, isso não cabe na Cidade do Rock.

Também é a Cidade do Rock que torna verdadeira a afirmação de que o Rock in Rio é muito mais do que o Palco Mundo. Se o grande atrativo fosse apenas a lista de grandes nomes da música tocando em um palco gigantesco, esse aglomerado de atrações e espetáculos não passaria de mais um show. E, de novo, vemos como uma cultura que funciona como diferencial competitivo não se constrói da noite para o dia. São décadas de incansável reforço para que ela se torne forte e possível de ser perpetuada.

Nessa linha da cultura de obsessão por proporcionar experiências incríveis em um ambiente que seja também inesquecível foi que nasceu, em

Portugal, a tirolesa, citada algumas vezes durante o livro. Ela é uma das mais míticas atrações do Rock in Rio nos tempos modernos, pois proporciona uma experiência única. Veja: assistir a um show do Maroon 5, sem dúvida, é uma experiência legal, mas voar sobre a multidão enquanto o Maroon 5 executa os acordes de "Sugar" é uma experiência que vai muito além da ideia de um show de música.

O próprio Rock in Rio considera a edição de 1991 como a menos compatível com o propósito do festival e com a cultura que acabou se consolidando em todo o grupo. Por total inviabilidade de encontrar um espaço que comportasse a construção da Cidade do Rock, aquela edição foi realizada no Maracanã, com espaço limitado. Essa limitação impediu que todo o conceito por trás da cidade fosse implementado, e isso resumiu o evento a uma sucessão de shows de música, já que não havia espaço para entregar ao público as experiências que se tornaram marca registrada do festival.

Em 1985, em sua primeira edição, ainda que tudo tivesse sido feito de forma mais rústica, havia um *shopping center* e já existiam ativações de marcas parceiras. Também havia uma grande área de fliperamas, que proporcionava formas alternativas de entretenimento. Naquela edição, ainda que de maneira empírica, a ideia de Cidade do Rock já estava presente. Ou seja, ir ao Rock in Rio em 1985 já era uma experiência muito diferente da proporcionada por um mero show de rock. E, com razoável probabilidade de acerto, os jovens que estão indo ao festival pelas mãos dos pais e avós de 1985 serão os que levarão os próprios filhos ao Rock in Rio no futuro. Esse é o poder da experiência.

Se a essência do espetáculo ao vivo é o que proporciona a motivação para que alguém saia do conforto da própria casa para ir a um show, trocando o sofá e uma plataforma de *streaming* dos shows, é a Cidade do

A CIDADE DO ROCK É UM PILAR FUNDAMENTAL NA CULTURA DO ROCK IN RIO. É A CIDADE DO ROCK QUE TORNA VERDADEIRA A AFIRMAÇÃO DE QUE O ROCK IN RIO É MUITO MAIS DO QUE O PALCO MUNDO.

Rock que possibilita a entrega da experiência única. Ela é pensada para receber 800 mil pessoas de diversos lugares. Portanto, é preciso que haja atrações variadas, um cardápio diversificado, horários diferentes. É fundamental receber bem a família que vai às duas da tarde e que vai embora quando o sol se põe, assim como o fã entusiasmado que quer aproveitar até a última gota do festival e só deixa o local quando os portões se fecham. E é necessário, em última análise, materializar de forma inequívoca a cultura Rock in Rio.

A FAMÍLIA ROCK IN RIO

Na cultura do Rock in Rio, é determinante a orientação às pessoas e o incentivo para que cada ser humano de alguma forma envolvido nas atividades da empresa assuma uma posição de protagonista. Isso se percebe no elevado grau de intraempreendedorismo entre as pessoas que trabalham no evento. Na prática, isso se traduz em ações que dão a todos, indistintamente, o sentido de dono, a capacidade de improvisar e de assumir riscos.

Uma iniciativa que ilustra isso é a criação do prefeito do Rock in Rio. E aqui não estamos falando das edições do festival, mas da empresa Rock in Rio, do seu escritório e de tudo que acontece por ali. Qualquer colaborador pode se candidatar ao cargo de prefeito do mês e, uma vez eleito, pode fazer o que quiser em prol da coletividade sem ter de dar satisfação a ninguém, nem mesmo ao CEO da companhia. O prefeito do mês conta com uma verba predefinida e não precisa prestar contas sobre como a usará. É um papel empreendedor, com o compromisso de melhorar a vida das pessoas que trabalham a seu lado de alguma forma. É claro que estamos falando de um mero simbolismo. Contudo, o resultado é que a equipe pratica, de forma efetiva, a possibilidade de criar valor individualmente.

Os colaboradores do Rock in Rio são remunerados para gerar ideias e assumir riscos, e nesse contexto errar é positivo. Esse ciclo virtuoso se propaga até o festival, quando há 20 mil pessoas trabalhando no Rock in Rio e pensando como embaixadoras da marca e guardiãs da experiência.

A premissa de empoderar também é percebida na atitude das pessoas espalhadas pela organização. Tomemos como exemplo o Seu Ezequias, o homem do cafezinho, que um belo dia entrou na sala do CEO, Luis Justo, e disse que gostaria de fazer um curso de inglês. Quando questionado sobre sua motivação, a resposta foi a mais óbvia possível: "Quero servir o meu cafezinho em inglês quando o senhor estiver recebendo pessoas que não falam português". Também foi o Seu Ezequias que sugeriu a criação da caneca do Rock in Rio quando foi eleito prefeito. A motivação? Adotar práticas sustentáveis no café, abolindo o copo plástico. Seu Ezequias foi um grande prefeito!

Entretanto, a ideia de Família Rock in Rio não está apenas na forma como os colaboradores são integrados ao propósito e à missão da empresa, nem somente ao incentivo a práticas intraempreendedoras. A família Medina propriamente dita explica muito do passado, do presente e do futuro dessa máquina de realização chamada Rock in Rio. Foi Abraham Medina, o pai de Roberto, que deu origem a uma dinastia de realizadores. Na figura dele se encontram as raízes de muito do que hoje constitui o núcleo de valores e da cultura do Rock in Rio.

Já na década de 1960, Abraham Medina encabeçava diversos eventos na cidade do Rio de Janeiro. A primeira grande queima de fogos na Lagoa Rodrigo de Freitas foi concebida por ele, com um palco flutuante e shows de artistas renomados. Não raro, trazia bandas da Europa para tocar pelas ruas do Rio de Janeiro. E, em 1965, fez o que foi batizado de Festival do Rio. Por quê? Porque queria dar vazão à sua paixão pela Cidade Maravilhosa.

Outro invento de Abraham foi a chegada do Papai Noel ao Maracanã, e os desfiles com personagens pelas ruas do Rio. Entretanto, o mais surpreendente, para a época, era que Abraham Medina realizava um programa ao vivo, de duas horas, com 36 cenários diferentes, o saudoso e memorável *Quando as Noites Eram de Gala*.

A propagação do espírito empreendedor também tem suas raízes em Abraham Medina. Não foi por acaso que Rubem Medina, o irmão mais velho de Roberto, pouco antes dos fatídicos acontecimentos em Dallas que culminaram na morte do então presidente estadunidense, entrevistou ninguém menos do que Robert Kennedy. A motivação para o improvável feito vinha do desafio proposto pelo pai para que o então menino Rubem mostrasse que era capaz de conquistar a atenção do homem mais poderoso do mundo naquela altura.

O RISCO COMO ELEMENTO-CHAVE DA CULTURA

Um dos momentos mais marcantes do Rock in Rio na edição de 2017 no Brasil foi o show de drones realizado na Cidade do Rock.

Nas noites do festival, um exército de 100 drones, sincronizados por controle remoto e conduzidos por quatro pilotos, encantaram o público desenhando imagens no céu. Os movimentos aconteciam em sintonia com uma trilha sonora que misturava elementos da bossa nova brasileira com elementos da música clássica austríaca. Claro, sem esquecer a música tema do festival. Suas luzes podiam ser vistas de praticamente qualquer ponto da Cidade do Rock e eram produzidas por um voo executado em um diâmetro de cerca de 200 metros. Essa obra de arte da tecnologia moderna foi testada e ensaiada na Áustria e atingiu plenamente seu objetivo: entregou uma experiência inesquecível para quem teve o privilégio de assistir ao show de perto.

O que poucos sabem é que esse é mais um daqueles casos em que a cultura e o propósito falaram mais alto e levaram o Rock in Rio a, literalmente, pagar para ver. A cultura do Rock in Rio prevê que, até certo ponto, ideias possam ser discutidas livremente, sem travas ou regras, sem considerações a respeito da viabilidade ou exequibilidade das ideias – nesse caso, se as reuniões de *brainstorming* tivessem qualquer tipo de filtro baseado em critérios de viabilidade operacional ou econômica, o show de drones seria um natimorto; era necessário um investimento gigantesco.

Até aí, tudo isso faz parte do processo de criar experiências que sejam inesquecíveis. Porém havia um pequeno problema. Para que os drones decolassem, era necessário que houvesse um conjunto de condições meteorológicas favoráveis. Uma das variáveis era o vento. Acima de um determinado coeficiente, era impossível que os equipamentos voassem de forma sincronizada. E a pequena dificuldade em questão era que, considerando o aspecto geográfico e climático, a probabilidade de ocorrer ventos acima do limite naquela região do Rio de Janeiro naquela época do ano era imensa.

Pelos cálculos tradicionais dos negócios, o risco seria elevado demais para ser tolerado. Mas não no caso da cultura Rock in Rio, em que a lógica é invertida e sempre se coloca a missão em primeiro lugar – nesse caso, entregar a experiência mais incrível, e não a de menor risco ou a mais barata.

A necessidade de praticar uma elevada tolerância ao risco também se explica pelo caráter eclético do público do Rock in Rio. O festival precisa acomodar os anseios de pessoas bem diferentes frequentando democraticamente um mesmo espaço e proporcionar a todos grandes momentos. Para se ter ideia de como a tarefa não é fácil: como agradar o visitante que é fã de

A NECESSIDADE DE PRATICAR UMA ELEVADA TOLERÂNCIA AO RISCO TAMBÉM SE EXPLICA PELO CARÁTER ECLÉTICO DO PÚBLICO DO ROCK IN RIO. O FESTIVAL PRECISA ACOMODAR OS ANSEIOS DE PESSOAS FREQUENTANDO DEMOCRATICAMENTE UM MESMO ESPAÇO E PROPORCIONAR GRANDES MOMENTOS.

música eletrônica ao mesmo tempo que se entrega uma excepcional experiência a quem vai ao festival por causa da tirolesa? Sem esquecer, é claro, do "roqueiro raiz", que vai por causa das bandas.

A resposta, mais uma vez, é contrária à da segmentação de mercado tradicional e favorável à pluralidade. São pessoas de 5 a 80 anos, com um recorte social que reflete a distribuição de renda do Brasil. Além disso, esse público se renova a cada dia e meio, média de tempo de permanência dos visitantes a cada edição. Para as marcas parceiras do festival, isso é fantástico. Pode-se falar com a massa, com a elite, com o jovem ou com qualquer outra fatia do público em um só lugar. Todavia, para quem planeja o festival, é imprescindível muita tolerância a risco para que a cultura da surpresa possa prevalecer a cada edição.

Essa é uma realidade que demonstra de maneira clara a evolução do próprio Rock in Rio. Nos últimos anos, o formato do festival foi cada vez mais deixando de dedicar cada dia a um estilo musical em que o diálogo restringia-se a apenas um público, até chegar aos dias atuais, em que a pluralidade é a palavra de ordem dentro da Cidade do Rock. Essa mudança é percebida, inclusive, no comportamento das pessoas quando elas visitam o Rock in Rio. Antigamente, os visitantes corriam para o Palco Mundo na abertura e se aglomeravam em torno da grade, aguardando o momento do show. Já na edição do Rock in Rio de 2017, quase na hora do show, a frente do palco permanecia vazia. A característica é altamente desejável, uma vez que indica que as pessoas entenderam que a proposta do festival é outra. É um evento de entretenimento. E, assim sendo, não parece valer a pena – a não ser que você seja um fã muito apaixonado do artista que vai se apresentar – perder todo o resto da experiência apenas para ficar esperando o show na frente do palco.

O ápice desse novo momento foi a inclusão do palco de *youtubers* no Rock in Rio de 2017. Mais uma vez, havia risco: no novo palco estariam vários dos mais famosos influenciadores digitais da atualidade. Mas como o público do festival reagiria à aposta em um conteúdo inédito nos festivais de música? Será que o público iria achar a experiência ruim porque estava esperando o show da noite? Entretanto, o palco dos influenciadores foi um sucesso e provou a tese de que o público é cada vez mais eclético, plural e diverso.

O ESPÍRITO DAS PESSOAS QUE FAZEM O ROCK IN RIO

Em um dado momento da história, mais especificamente em 2011, o Rock in Rio foi ao mercado em busca de um CEO. Mas como selecionar alguém para uma organização em que as métricas não são meramente o Ebitda[7] no balanço, e onde muitas das lógicas do mundo corporativo são invertidas?

Nesse contexto, entra em campo Luis Justo. Na época, pela primeira vez na história, o Rock in Rio contrataria um CEO profissional, depois de uma longa temporada com o festival distante do Brasil (desde 2001) e uma experiência de enorme sucesso que começou em Portugal em 2004. Claro, uma empresa tão pouco convencional não poderia recair em uma escolha tradicional (perceba como, em todos os momentos e em qualquer tipo de processo, a cultura do Rock in Rio se faz presente, e a coerência é sentida nos mínimos detalhes). O selecionado para a posição não tinha nenhuma conexão com o mundo de grandes festivais e eventos. Era diretor executivo da Osklen, uma empresa de moda, na qual ele havia obtido resultados expressivos.

---

[7] Sigla em inglês para "Earnings before interest, taxes, depreciation and amortization", que representa o lucro antes de juros, impostos, depreciação e amortização das empresas.

E seu processo de entrada configura, de forma indireta, o que seria a tônica da seleção de pessoas para trabalhar no Rock in Rio até hoje.

Segundo executivos da empresa, quando o resultado de um processo seletivo não é o esperado, na primeira semana de trabalho já dá para perceber que a escolha foi equivocada. A interpretação é de que a pessoa não tem o espírito do Rock in Rio. Mas o que é esse espírito? Tem a ver com a paixão pelo detalhe, com não se contentar com o imperfeito, com a obsessão pela experiência. A definição exata, ninguém parece saber com certeza. Mas todos percebem quando ele não está lá. Lembra do *Googleness* do Google, mencionado anteriormente neste capítulo? É a mesma lógica. Cada um que faz o Rock in Rio acontecer, desde as pessoas que puxam cabos até os que são responsáveis pelas decisões mais importantes, precisam ter o espírito Rock in Rio.

Na prática, isso quer dizer investir um tempo na delegação de tarefas muito maior do que normalmente se veria em uma empresa convencional. Acredita-se que, por trás disso, quando a delegação é feita de maneira correta, com foco na experiência, as pessoas têm a chance de se conectar a algo maior. Quando alguém é contratado para construir uma cerca na Cidade do Rock, por exemplo, precisa entender que não é só uma cerca com uma guitarrinha estilizada. É parte do cenário da experiência.

Alguns fornecedores podem ter meios técnicos mais avançados que outros que têm um entendimento perfeito do espírito Rock in Rio. E a seleção de pessoas se baseia em quem tem esse espírito, acima de tudo. É a força da cultura falando mais alto novamente. Essa lógica ajuda a explicar como é possível sair de um núcleo compacto de 30 pessoas para mais de 20 mil trabalhando a cada noite do festival. Esse núcleo compacto é aquele que permanece entre festivais. Eles são os responsáveis pela essência da operação e por multiplicar e disseminar a cultura Rock in Rio para as outras tantas pessoas que estão chegando.

Pense por um instante: como transferir a cultura para um time que trabalha em um dia específico e nunca mais tem contato com ninguém? Como assegurar que um colaborador, em qualquer função, por mais simples que possa parecer, esteja imbuído do espírito da marca e comprometido com seu propósito de criar a melhor experiência do festival também na singela parcela que lhe cabe? O entendimento de que cada peça é fundamental para o andamento excelente da grande engrenagem é um dos grandes desafios de gestão desses 30 profissionais que vão vendo seus times se multiplicarem até o momento que a eles torna-se impossível conhecer o nome de cada um dos 20 mil trabalhadores credenciados para os dias de evento. Mas uma coisa tem de ser possível: a transmissão da cultura Rock in Rio!

Além dos valores elevados, é preciso, na visão do Rock in Rio, investir em gestão compartilhada. Planejar e delegar, em diferentes patamares e em diversos níveis de responsabilidade, a tomada de decisão para essas 20 mil pessoas. Mais do que informar a cada um dos profissionais que, por exemplo, cuidam das tarefas manuais, como a limpeza e a harmonização do ambiente, quais tarefas lhe são atribuídas, a organização está sempre voltada a passar uma forte dose de cultura e propósito e a desenvolver o sentido de pertencimento. Dessa forma – acredita-se – cada profissional saberá que seu papel no cumprimento de suas tarefas é determinante para um todo de resultados excelentes.

As 30 pessoas que compõem o núcleo permanente do Rock in Rio, além de serem muito boas tecnicamente, têm de ser disseminadoras da cultura da organização. O bom *briefing* e o bom acompanhamento

UMA FORMA DE PENSAR BASEADA NA CRENÇA DE QUE VALORES INEGOCIÁVEIS CONECTAM AS PESSOAS AO PROPÓSITO DA EMPRESA E ASSEGURAM QUE A IDEIA DE UM MUNDO MELHOR SEMPRE ESTARÁ PRESENTE COMO PARTE INSEPARÁVEL DA HISTÓRIA DO ROCK IN RIO.

poderão permitir que, quando a história retornar à mão delas, esta venha com um resultado excepcional. Se tudo não for bem-feito, haverá retrabalho, pois nada é aceito com padrões inferiores aos excelentes.

O FUTURO

Cultura também é o que assegura que, em dez ou vinte anos, o Rock in Rio vá continuar relevante. Existe, por exemplo, um nível extremo de profissionalização na busca por entender o público que compra ingresso. Quem compra? Qual sua característica e seu perfil? Quem se associa ao Rock in Rio Club? Como essa pessoa navega no site?

As pulseiras de acesso não têm apenas o papel de ampliar a percepção de valor do visitante; elas permitem mapear todo o fluxo das pessoas pela Cidade do Rock, por exemplo. E, nesse contexto, quanto mais diverso o cardápio de opções, mais variado será o público, e mais diversidade haverá no festival.

Quanto ao futuro do Rock in Rio, Roberto Medina volta a mencionar a Disney. Imagine se Walt Disney pudesse passear hoje pelos parques e percorrer os corredores de sua criação. Pois é o que acontece no Rock in Rio. Roberto sonhou com tudo que existe ali e passou a vida lutando pela qualidade da entrega. Isso está consolidado em todos os níveis da empresa, bem como no planejamento das próximas edições e até nas novas plataformas que estão sendo criadas na área de jogos e educação. É por isso que o empresário tem convicção de que o Rock in Rio não depende mais dele. O "selo Roberto Medina" virou um padrão de qualidade e excelência que deve permear tudo que é feito. A cultura da empresa já é "certificada" por esse selo. Então, o papel do Roberto hoje, no Rock in Rio, é definido por ele mesmo como sendo muito maior para o futuro, e não para o presente.

Sem dúvida, esse futuro passará pela ampliação das possibilidades em termos de plataformas de conteúdos e experiência. Dá para antecipar que, a cada edição do festival ou de qualquer outro conjunto de experiências que venha a ser criado, a preocupação com a excelência na entrega será a tônica. E é possível também imaginar que, apesar de toda a mística e da presença forte e da influência que são representadas pela figura do criador do Rock in Rio, Roberto Medina, a empresa Rock in Rio atualmente tem condições de seguir adiante por gerações. E isso, em grande parte, é mérito exatamente da capacidade de seu criador, e daqueles que o cercaram desde 1985, de criar uma cultura forte e positiva. Uma forma de pensar baseada na crença de que valores inegociáveis conectam as pessoas ao propósito da empresa e asseguram que a ideia de um mundo melhor sempre estará presente como parte inseparável da história do Rock in Rio.

LIÇÕES DO ROCK:
COLOQUE EM PRÁTICA

- Não importa qual é o seu negócio, a sua atividade profissional, nem mesmo o setor em que você atua. Um dos pilares do sucesso de longo prazo é a possibilidade de construir uma cultura empresarial que se transforme em fonte de vantagem competitiva. Que tipo de cultura é desejável para que sua empresa atinja os objetivos aos quais ela se propõe? Quais comportamentos devem ser incentivados e valorizados? Quais não podem ser tolerados? Qual é o *gap* entre a cultura existente e a desejável? Como superar esse distanciamento? No Rock in Rio, fica evidente que a cultura é o grande facilitador na ligação entre o sonho e a realidade. Ela ajuda a atrair e reter as pessoas certas para o negócio. E é a base da autêntica organização ambidestra que o Rock in Rio se tornou, capaz de criar processos que assegurem o resultado necessário, ao mesmo tempo que mantém o espírito rebelde e criativo para se reinventar a cada edição.

- É papel indelegável do líder criar e consolidar a cultura da empresa. E isso se faz por meio do exemplo. No Rock in Rio, o comportamento do seu fundador, Roberto Medina, é observado, copiado e referenciado em todos os cantos, a todo momento. Isso assegura que não haja distanciamento entre o discurso e a ação. A falta de coerência aniquila a possibilidade de criar uma cultura positiva. As pessoas não estão interessadas no que o líder fala, mas, sim, no que o líder faz.

- Não se cria uma empresa extraordinária com uma cultura positiva sem obsessão pela excelência constante. O mundo está repleto de exemplos de empresas que "morreram de sucesso". Isso acontece quando algo é bem-feito, há sucesso, mas a empresa se agarra àquilo que funcionou como se fosse uma garantia de futuro. Nesse momento, a capacidade de arriscar, de inovar e de continuar evoluindo se perde, e começa a caminhada para a obsolescência. A excelência é um hábito. Isso se percebe no Rock in Rio por seguirem a máxima de que o melhor festival já realizado é sempre o próximo e na obsessão de seus executivos em criar novas e melhores experiências a cada edição. É isso que assegura sucesso longevo.
- A maturação da cultura leva tempo. No caso do Rock in Rio, não é exagero afirmar que é uma cultura construída ao longo de três gerações. Mas não é preciso tanto tempo para se consolidar um conjunto de normas e regras não escritas de comportamento que funcionem como suporte e alavanca para a empresa. Antes de tudo, é preciso ter clareza quanto a valores, princípios e atitudes que devem fazer parte dessa cultura. E, a partir daí, praticá-los de forma obstinada e ser intolerante com o que não esteja em sintonia.

9

TRANSFORMANDO POR MEIO DA CULTURA DA MARCA

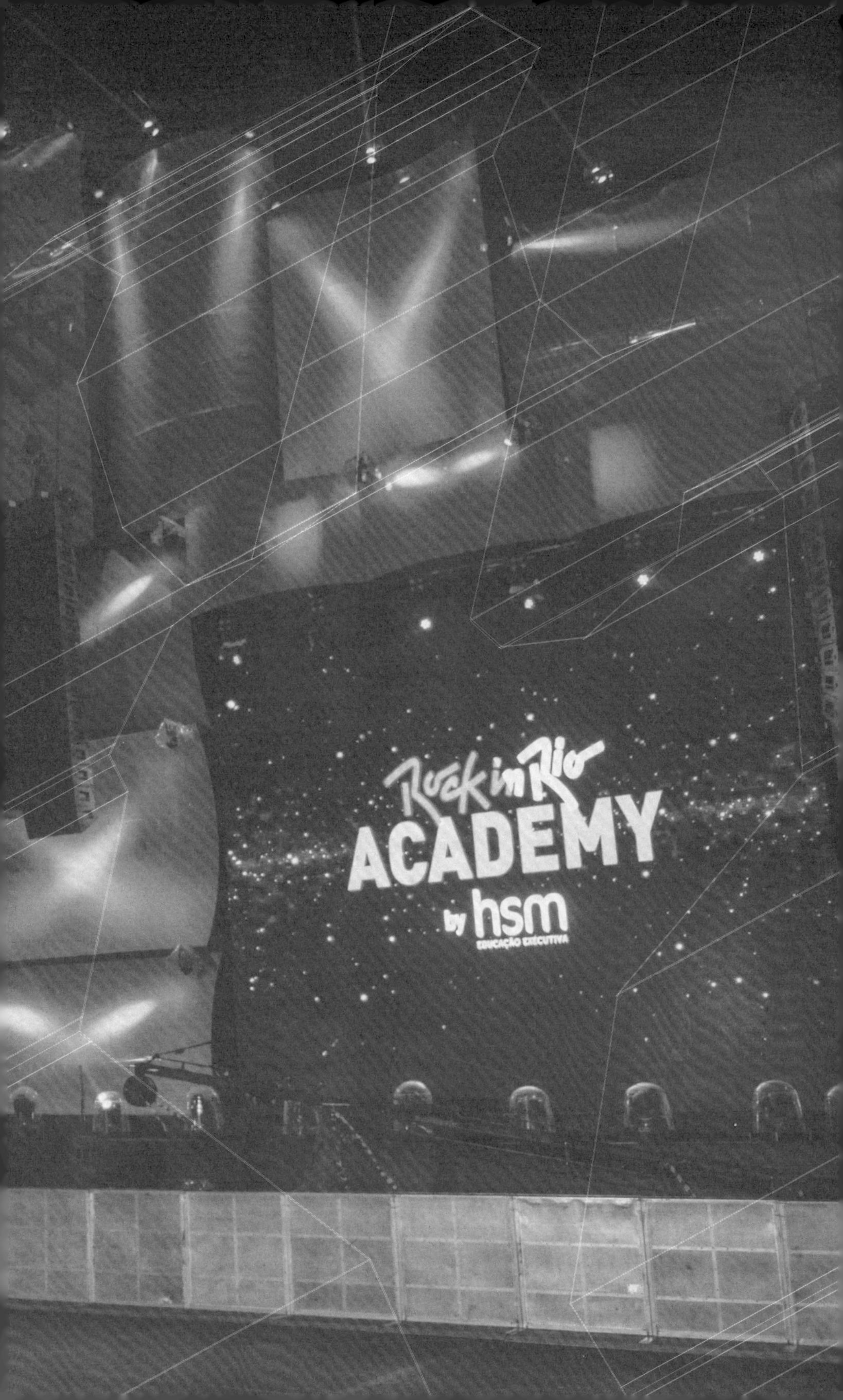
Rock in Rio
ACADEMY
by hsm
EDUCAÇÃO EXECUTIVA

TRANSFORMANDO POR MEIO DA CULTURA DA MARCA

EDUTAINMENT = EDUCATION + ENTERTAINMENT

O Rock in Rio acredita que, aliando experiências nos universos de atuação da marca (Inspiração, Conhecimento e Sensações) ao seu *background* nas áreas da Criatividade, da Comunicação, da Inovação e da Liderança, poderá contribuir para o desenvolvimento de modelos mentais de crescimento, ajudando na formação de pessoas capazes de "sonhar e fazer acontecer" um mundo melhor.

Entre a ideia e a concretização, existe, na cultura Rock in Rio, um fator decisivo chamado atitude. Essa atitude está associada a valores como:

- **POSTURA POSITIVA –** É fundamental, já que, quando se tem uma postura positiva, quaisquer obstáculos que surjam – e eles vão surgir – não afetam a abertura para se buscar e encontrar uma solução. A equipe não se detém diante do problema, e a criatividade continua fluindo. Não se trata de ser, nas palavras dos executivos do Rock in Rio, "um bobo alegre", mas de olhar para o que está ao lado e perceber que o caminho é encarar as adversidades como uma grande chance para crescer. Grandes soluções são criadas por aqueles que têm a postura positiva de enxergar as dificuldades como oportunidades. Não quer dizer cantar e dançar o tempo todo, isso pouco tem a ver com otimismo. Um desafio pode ser uma ameaça ou uma brecha para melhorar, e é a aposta em uma postura positiva que embasa a escolha pela melhor estratégia. Educar as pessoas e ampliar sua consciência no que diz respeito à importância desse valor contribui para menos "mimimi" e mais "vamos fazer".

- **CRIATIVIDADE –** Esse valor é um dos pilares mais essenciais do Rock in Rio. Conectar pontos de referência, conteúdos e parceiros, fazer o bolo crescer, integrando, evoluindo, melhorando sempre. Há uma capacidade implícita de aproveitar os recursos humanos e os do próprio grupo de empresas para juntar times multidisciplinares de uma forma muito natural. Novas técnicas são incorporadas sem dor ou sofrimento, e as pessoas absorvem com mais tranquilidade essas técnicas. Todas as áreas e os times trabalham assim, ao redor de um inspirador contador de histórias, provocador de novas ideias, Roberto Medina, que exerce o papel de um grande líder.

Compartilhar essa filosofia e promover empresas mais inclusivas com profissionais propensos a arriscar e a criar o novo é exatamente o que Rock in Rio tem feito historicamente.

■ **ESPÍRITO DE COLABORAÇÃO –** Craques podem ganhar jogos, mas são times que vencem campeonatos. Não é por acaso que todos são corresponsáveis por tudo no Rock in Rio, o que reflete na capacidade de expandir o núcleo central de 30 pessoas da entressafra de eventos para mais de 20 mil trabalhando a cada noite de festival, sem prejuízos ao senso de pertencimento e de apropriação. Em um mundo cada vez mais individualista, expandir a capacidade da cultura Rock in Rio de criar colaborativamente talvez seja um dos maiores legados que a marca pode deixar.

■ **CULTURA DE INOVAÇÃO –** Em muitas empresas, a cultura punitiva ainda é prática comum, o que muitas vezes inibe a capacidade de inovar. O Rock in Rio já nasceu na contramão da dinâmica do medo de errar. Não só isso, e aqui citamos um comentário de Duda Magalhães, vice-presidente do Grupo Artplan, em uma das nossas entrevistas para este livro: "Observando o resultado de iniciativas que não prosperaram, a empresa aprendeu que o erro pode aperfeiçoar o desafio de comunicação". Dessa forma, o RiR não hesitou em escolher fortalecer a capacidade de arriscar e apostar no novo, no desconhecido. Desde que a empresa acredite em uma ideia e na agilidade da equipe que está ali para executá-la, a decisão da organização é sempre por avançar. E, se houver falha, a orientação é para que haja agilidade na correção da rota no meio do caminho e entrega de um resultado ainda melhor do que o que havia sido planejado a princípio.

ENTRE A IDEIA E A CONCRETIZAÇÃO, EXISTE, NA CULTURA ROCK IN RIO, UM FATOR DECISIVO CHAMADO ATITUDE. ESSA ATITUDE ESTÁ ASSOCIADA A VALORES COMO POSTURA POSITIVA, CRIATIVIDADE E ESPÍRITO DE COLABORAÇÃO.

A marca Rock in Rio traz, em si, aprendizados que são incalculáveis. Conquistas, erros, ressurgimento, renascimento, reconstrução do negócio, superação, muitas histórias de resiliência, de nunca se deslumbrar com o eventual sucesso, de ter consciência quanto à transitoriedade das coisas e de jamais subir no salto alto. Todo mundo que trabalha no festival leva esse aprendizado para a vida. Percebem-se como líderes que são; apaixonados pela qualidade e pela excelência daquilo que entregam. Mas, sobretudo, gostam de estar naquele lugar e, para continuar ali, não podem se acomodar. É por isso que no Rock in Rio não existe a chamada zona de conforto. Há alegria, celebração e congraçamento. E, no dia seguinte, tudo começa de novo. Afinal, como já reiteramos, a melhor edição é sempre a próxima.

Já imaginou o efeito positivo que essa cultura teria se fosse incorporada por cada empresa, cada profissional, cada organização em nosso país?

LIÇÕES DO ROCK: COLOQUE EM PRÁTICA

- Empresas construídas com base em um propósito forte e transformador são capazes de encontrar meios de expandir sua capacidade de transformação por intermédio de novos modelos de negócio e de novas fronteiras inexploradas. O aprendizado obtido em trajetos já percorridos pode ser um benefício. O Rock in Rio mostra como a ideia de agir em prol de um mundo melhor pode ecoar em diversos segmentos e setores, para os quais a ideia de uma plataforma de experiências pode ser transposta com sucesso.

- Nada substitui o lucro em uma atividade empresarial. Mas, quando o dinheiro se torna consequência da realização de um propósito maior, provoca-se a tempestade perfeita. As equipes e pessoas que compõem o Rock in Rio são de fato apaixonadas pelo que fazem. Isso só acontece quando criamos as condições para que todos possam conectar-se a algo maior e mais amplo do que a tradicional troca de tempo por dinheiro, que, infelizmente, é a realidade que ocorre na maioria das vezes entre empresas e seus profissionais. Quando o propósito é percebido e compartilhado, com verdade e coerência, empresas comuns tornam-se extraordinárias, formadas por times extraordinários, que, por sua vez, só existem porque são compostos de pessoas extraordinárias, movidas por coisas bem mais nobres do que simplesmente um salário ao final do mês.

- A luz deve estar no cliente. O Rock in Rio foi o primeiro festival do mundo a iluminar a plateia em 1985, e isso criou momentos incríveis para todas as partes envolvidas (artistas e plateia). O mesmo acontece em qualquer empresa. Ilumine o cliente! Encontre maneiras de interagir com ele e de envolvê-lo em todas as etapas possíveis, desde a concepção até a entrega. Crie condições para que essa entrega seja tão fantástica que suscite emoções incomuns em uma relação cliente-fornecedor. Torne-o parte indivisível daquilo que você faz. A consequência é o seu negócio se tornar parte indivisível da existência desse cliente.

SONHO, ATITUDE E UM LEGADO PARA GERAÇÕES FUTURAS

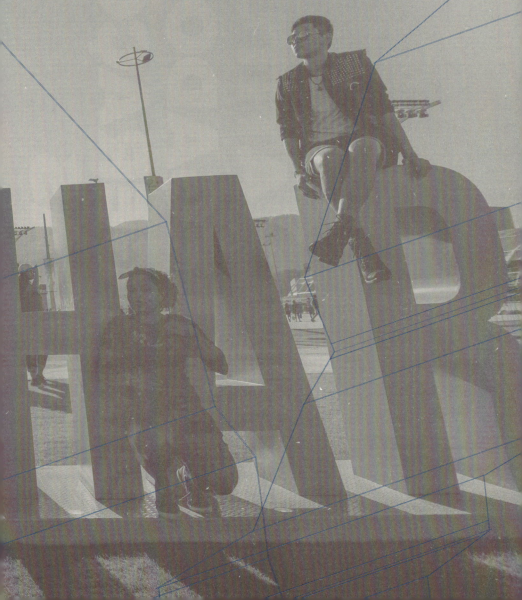

10
SONHO, ATITUDE E UM LEGADO PARA GERAÇÕES FUTURAS

PARA SONHAR E FAZER ACONTECER, O QUE É NECESSÁRIO?

Até para sonhar é preciso ter atitude. Alguns, por nascer em circunstâncias adversas, acabam não tendo o ímpeto de imaginar, desejar e realizar. Outros não o fazem por acreditar que o local em que nasceram tem o poder de determinar seu futuro. No entanto, a capacidade de sonhar não pode ter gênero, credo, raça ou condição social. E, se não há condições naturais para sonhar, então que sejam criadas, em todos os cantos, para que esses sonhos virem realidade.

Hoje muita gente cita propósito, fala de não se ter uma rotina no piloto automático, da decisão de viver com intenção, mas é um percurso que só tem sentido se todos que o pregam estiverem fazendo acontecer. A intenção é o que faz com que toda a energia necessária seja colocada a serviço do propósito.

Na crença do Rock in Rio, o ponto de partida é o propósito. Aquilo que mexe com você e lhe dá força para transformar tudo ao seu redor. Sabe aquela coisa que você até pagaria para fazer? Que, muito mais do que um trabalho, é um projeto que você crê com a alma que precisa existir? Sabe quando um desejo, uma ideia, um projeto (o nome que preferir dar) queima dentro de você e é forte o suficiente para ganhar seu espaço no mundo? Se a resposta for sim, então é propósito.

Entretanto, propósito sem visão e sem ação não muda o mundo. É preciso saber aonde se quer chegar. Saber que existem etapas que precisam ser percorridas. Podem levar dois, cinco, dez anos. Não importa. Mas precisam estar mapeadas, e, a cada período, é preciso renovar a intenção.

Propósito também serve de base para avaliar a postura e o comportamento da pessoa que enxerga o seu poder transformador. Na cultura Rock in Rio, isso é chamado de presença, o mesmo que estar atento, todos os dias questionando: "Hoje trabalhei em prol do meu propósito? Hoje contribuí para chegar aonde minha visão e minha intenção querem me levar?". Se a resposta for negativa, é preciso atitude para reajustar o dia de amanhã. Trabalhar com total consciência de onde se está investindo cada hora do dia é um exercício diário. Cada movimento conta. Cada hora conta.

As experiências, assim como as conquistas, são feitas nos detalhes. A Disney não é reconhecida como um dos maiores modelos de entrega de experiências incríveis do mundo só porque os parques são limpos, ou porque a estrutura é repintada toda semana, ou ainda porque os funcionários são atenciosos e gentis. O que a torna única é o conjunto da obra, com todos os seus detalhes.

O relógio no pulso do presidente na atração batizada de Galeria dos Presidentes marca a hora certa. Os bonecos de cera estão em ambientes que reproduzem momentos históricos. Ninguém repara ou dá a mínima para o fato de que aquele relógio está marcando a hora exata. Mas, mesmo assim, ele marca.

Da mesma forma, tão importantes quanto a Beyoncé, o Stevie Wonder ou a Rihanna no palco principal são a grama artificial, o aromatizador com a "essência Rock in Rio" borrifada por toda a Cidade do Rock, os canteiros sempre floridos ou a guitarrinha do logotipo do Rock in Rio gravada nas torneiras dos banheiros da área VIP. Isolados, os detalhes podem não ter tanta força, mas, no conjunto de todas essas entregas, formam a experiência.

Na vida de qualquer ser humano também é assim. O desejo de fazer o melhor a cada dia é só um sentimento, nada mais do que uma inclinação. A decisão de pagar o preço e não se contentar com nada que seja medíocre? Só uma decisão. Assim como a insatisfação com qualquer coisa que não seja excelente e a predisposição para percorrer caminhos que não foram ainda explorados como essência do processo de inovação, crescimento e desenvolvimento. Isoladas, essas coisas são apenas o que são, mas, quando reunidas em um ser humano com atitude (inata ou desenvolvida), formam uma espécie de "composto de superpoderes" que faz com que essa pessoa seja um agente de transformação, gerando resultados extraordinários para a sua vida, para sua empresa, para o mundo.

Quem quer transformar sonhos em realizações também precisa aprender a lidar com imprevistos sem deixar que estes se tornem um entrave ou empecilho. Eles sempre ocorrerão. E trarão a muleta fácil e pronta para justificar a incapacidade de realizar. Ou, a depender da escolha de cada um, a possibilidade de se reinventar, aprender e evoluir.

Como comentamos, no Rock in Rio de 2017, a 48 horas da abertura dos portões do primeiro dia do festival, uma das principais atrações, Lady Gaga, cancelou sua participação por motivo de doença. Cem mil pessoas com ingressos comprados aguardavam sua apresentação em um palco montado com equipamentos que vieram dos Estados Unidos especificamente para ela. Nesse momento, havia dois caminhos: 1) "Ó dia, ó céus, ó azar" ou 2) arregaçar as mangas e encontrar uma solução.

A área artística tinha 48 horas para colocar outro nome de peso no palco. A equipe de ingressos precisava construir um plano de ação para quem quisesse devolver os ingressos comprados. A de marketing, junto à assessoria de imprensa, pensava em como iria comunicar o fato e orientar o público. O time de operação já montava toda a logística. Foram cerca de seis horas para esquematizar uma operação de guerra a fim de resolver o problema. E foi resolvido.

Os grandes realizadores, como Roberto Medina, têm algo muito forte que os move: paixão pelo que fazem. Essa filosofia é a base de recorrentes discursos do fundador do Rock in Rio: "Quando fazemos algo em que acreditamos e da melhor forma que podemos fazer, o dinheiro é só consequência. Um dia ele vem!".

A sua história mostra tempos ruins, péssimos, estáveis e outros de farta colheita. Contudo, a despeito do momento vivido, Medina sempre colocou a qualidade da entrega, a moral e a reputação da marca acima de qualquer coisa. Além do cuidado inegociável com o bem-estar do público.

As novas gerações precisam desses exemplos para desmistificar uma ideia falha de que as coisas acontecem por si sós. As gerações que aí estão, já consolidadas ou em consolidação, também precisam desses modelos para compreender que nada é permanente, que tudo é mutável, passível de questionamento e de melhoria contínua. É possível fazer coisas grandiosas que gerem impacto no mundo. Porém é preciso saber que entre o sonho e a realização há uma jornada de muito trabalho e resiliência.

As histórias registradas neste livro trazem evidências inegáveis de que é possível criar trajetórias de sucesso absoluto sejam quais forem as circunstâncias. Estratégias, ferramentas e técnicas exercem um papel importante. Porém, no final do dia, são sempre as pessoas e suas escolhas que determinam o diferencial.

MEDINA SEMPRE COLOCOU A QUALIDADE DA ENTREGA, A MORAL E A REPUTAÇÃO DA MARCA ACIMA DE QUALQUER COISA. ALÉM DO CUIDADO INEGOCIÁVEL COM O BEM-ESTAR DO PÚBLICO.

CARO LEITOR,
Queremos saber sua opinião sobre nossos livros.
Após a leitura, curta-nos no **facebook/editoragentebr**,
siga-nos no **Twitter** @**EditoraGente** e
visite-nos no site **www.editoragente.com.br**.
Cadastre-se e contribua com sugestões, críticas ou elogios.
Boa leitura!

Este livro foi impresso
pela Gráfica BMF
em pólen bold 70g
em setembro de 2019.